Il Salotto di Ersilia

Ersilia Caetani Lovatelli

IL SALOTTO DI ERSILIA

A cura di
Michela e Tommaso Alessandroni

flower-ed

Il Salotto di Ersilia
di Ersilia Caetani Lovatelli

A cura di Michela e Tommaso Alessandroni

© 2016 flower-ed, Roma

I edizione *Il Salotto di Ersilia* novembre 2015
II edizione *Il Salotto di Ersilia* maggio 2016

ISBN 978-88-97815-52-5

www.flower-ed.it

Questo è il Colosseo, quello è il Foro Romano, quello lassù il Palatino... e questa è la contessa Lovatelli.

INTRODUZIONE

Il 17 ottobre 2014 abbiamo inaugurato la collana di e-book intitolata *Il Salotto di Ersilia*: un progetto editoriale volto a recuperare, valorizzare e diffondere gli studi di Ersilia Caetani Lovatelli.

Non sapevamo come questa novità sarebbe stata accolta, eppure sentivamo che stavamo realizzando qualcosa di importante per la salvaguardia di una parte preziosa della cultura romana e italiana: come pazienti e attenti amanuensi, abbiamo infatti preservato quei contenuti trasferendoli per la prima volta dal vecchio supporto cartaceo a quello nuovo digitale. Se il nome della Contessa non è più largamente conosciuto come un tempo, parte di questa lacuna è stata colmata grazie alle nostre pubblicazioni, che hanno suscitato o rinnovato l'interesse dei lettori nei confronti della studiosa.

Presentiamo ora un nuovo lavoro, questa volta in edizione tradizionale, per raccogliere quei tratatti già recuperati, unitamente ad altri tre saggi pubblicati qui per la prima volta, e assicurare loro una diffusione più ampia anche tra chi ama il vecchio odore della carta.

Come anticipato, *Il Salotto di Ersilia* è il nome che abbiamo scelto originariamente per la collana digitale e abbiamo deciso di mantenerlo per questa raccolta, affinché continui a rimandare a quel salotto letterario che Ersilia dirigeva sapientemente nel suo palazzo: allo stesso modo, questo vuole essere un luogo di cultura in cui riscoprire i tesori che l'archeologa ci ha lasciato, attraverso gli articoli e i saggi redatti nel corso di una vita culturale vivace e operosa.

Lasciamoci allora condurre dalle sue parole in queste dieci diverse tematiche. Gli argomenti selezionati sono molto diversi fra loro, ma riguardano tutti la storia romana e sono stati scelti per l'interesse e l'importanza dei contenuti.

I titoli proposti sono *I giardini degli Acilii, La Casa Aurea di Nerone, Amore e Psiche, I Fratelli Arvali e il loro santuario e bosco sacro sulla via Campana, I vigili dell'antica Roma, Il Lago Curzio e le sue leggende, I giornali nel mondo romano, L'Isola Tiberina, I giardini di Adone, I laberinti e il loro simbolismo nell'età di mezzo*: narrazioni in cui l'autrice mescola abilmente tecnica e meraviglia, aneddoti e curiosità, stimolando la lettura, la ricerca e persino il desiderio di tornare su quei luoghi antichi e assaporare di persona la bellezza degli oggetti descritti.

Michela e Tommaso Alessandroni

I GIARDINI DEGLI ACILII

I GIARDINI DEGLI ACILII

Eine Welt zwar bist du, o Rom…
GOETHE, *Röm. Elegien*, I.

Roma è una città unica!... ad ogni passo incontransi e, per dir così, si accalcano le memorie di età e di civiltà diverse. Alle grandiose rovine della Roma repubblicana e imperiale, succedono quelle dei palazzi e delle torri medievali, presso cui innalzansi i severi edifici del Papato e del Rinascimento. La vita antica si confonde con la moderna; nel teatro di Marcello – incominciato da Cesare e compiuto da Augusto, poscia nell'età di mezzo fortezza dei Pierleoni, entro le cui mura si spense il papa che indisse la prima Crociata – sonosi annidate luride botteguzze di poveri merciaiuoli ed affumicate fucine di fabbri. E non è gran tempo, che i venditori di pesce solevano esporre la loro merce nel portico di Ottavia sopra bellissime tavole marmoree, che forse un giorno servirono, nel circo o nel teatro, da pulvinari e da sedili ai padroni del mondo. Sarcofagi istoriati, altra volta ricetto alle ceneri d'illustri Romani, veggiamo oggidì adoperati ad uso di vasca, di abbeveratoio e talora di mastello da lavandaia; e le ville, i giardini, i vestiboli dei palazzi, dai cui cancelli si veggono delle rose e odesi il monotono chioccolìo di una fontana, sono popolati di urne e di statue antiche. Per le viuzze, nei cortili, incastonati nelle mura delle case, sbucan fuori pezzi di cornicioni, teste, busti, rottami di bassorilievi; e persino lassù nella grande solitudine del Celio, tra i ruderi del sontuoso tempio di Claudio, ricoperti da un ammanto di eterna fioritura, vivono nascoste e ignorate intere famiglie di povera gente. Tronchi di colonne e capitelli corinzi giacciono qua e là rovesciati per terra, e i loro fusti scannellati e le eleganti foglie di acanto ricordano lo splendore de' secoli che furono. Direbbesi quasi che le memorie escano dal suolo, sorgano dalle chiese e dai monumenti e che il passato torni ad esser presente.

Ma sì fatto miscuglio di antico e di moderno, di pagano e di cristiano, di età e di cose tra loro diverse, forma uno de' principali incanti di questa nostra città, ove l'arte si accoppia con la natura per creare le più belle maraviglie che possano agitare la fantasia e commuovere il cuore.

Roma va contemplata dalle alture del Pincio; di là un panorama di magica bellezza si presenta allo sguardo; visione stupenda che nella serena magnificenza dei tramonti estivi sorge quasi cosa veduta in un sogno. Roma co' suoi palazzi, obelischi ed archi trionfali, con le monumentali fontane e marmoree colonne e terme e chiese e torri de' bassi tempi, con gli svelti campanili che si slancian nell'aria, sembra una città fantastica che l'incantata verga di un mago abbia fatto emergere dalle infuocate luci vespertine; mentre in fondo all'orizzonte, la cupola di Michelangelo e i colli Gianicolensi e il chiostro di S. Onofrio, in mezzo al verde dei cipressi e dei pini, si delineano tra mille atomi d'oro in sull'azzurro del cielo.

Il monte Pincio, oggi ridotto a pubblico passeggio, ebbe dai Romani il nome di *Collis hortorum*, a cagione degli ameni e lussureggianti giardini onde era ricoperto; quelli degli Acilii sono forse i più conosciuti.

E qui giova avvertire, che dei molti rami della gente Acilia, come i Balbi, gli Aviola, i Severi, i Rufi ed altri, il più famoso ed illustre fu certamente quello degli Acilii Glabrioni,

Panorama di Roma dalla terrazza del Pincio (lato S-W)

i quali sebbene nella età imperiale venissero proclamati nobilissimi tra i patrizi, pur nondimeno, per ripetuta testimonianza di Livio[1], sappiamo aver appartenuto alla plebe almeno sino al cader del sesto secolo di Roma.

Molto vi sarebbe da dire intorno ai singoli personaggi di cotesta nobilissima gente, se non che né lo spazio né il tempo ce lo consentirebbero; onde ci limiteremo a toccar

---

[1] XXVIII, 4.

solo de' principali, incominciando da quel Manio Acilio Glabrione, vincitore di Antioco re di Siria alle Termopili, il quale nel giorno della battaglia votò un tempio alla Pietà, tempio che sorse di poi nel Foro Olitorio e venne dedicato dal figliuolo di lui, creato in quella occasione a bella posta duumviro, per decreto del Senato. Egli vi eresse dinanzi la statua equestre del padre, che fu la prima statua dorata a vedersi in Italia, ed alla quale, secondo alcuni, avrebbe appartenuto il piedestallo tornato alla luce l'anno 1808, in vicinanza della chiesa di S. Nicola in Carcere. Il denaro col tipo di Ercole nella quadriga, battuto da un membro di quella famiglia, triumviro monetale, l'anno 29 avanti Cristo, sembra voler alludere al sacrificio fatto da Manio Acilio Glabrione ad Ercole sul monte Oeta, in rendimento di grazie per la vittoria riportata appunto su di Antioco re di Siria e sugli Etoli, vittoria che gli valse al suo ritorno in Roma l'onore del trionfo[2]. In quanto al tempio della Pietà, esso fu distrutto nella edificazione del teatro di Marcello.

Noi ritroviamo un discendente di cotesto Manio Acilio Glabrione, come lui console, rivestito del comando del Ponto e della Bitinia durante la guerra contro Mitridate. In qualità di pretore, ebbe la presidenza nella *quaestio de repetundis* allorquando Cicerone accusò Verre.

La famiglia degli Acilii crebbe sì rapidamente in onori, splendori e ricchezze, che ai giorni dell'Impero noi la veggiamo figurare non meno di undici volte nei *Fasti consolari*.

---

[2] BABELON, *Monnaies de la Rép. Rom.*, I, pag. 103.

Panorama di Roma dalla terrazza del Pincio (lato W-N)

Il Glabrione più noto nella storia del primo secolo, è indubitatamente quel Manio Acilio che ottenne l'onore dei fasci l'anno 91 sotto Domiziano, dal quale fu costretto, durante l'esercizio della sua carica, a combattere con un leone di smisurata grandezza, secondo Cassio Dione[3], con due orsi feroci, secondo Giovenale[4], nell'anfiteatro della sua villa Albana, ove l'Imperatore lo aveva invitato per assistere alle feste delle *Juvenalia*. Di così pericoloso cimento, Acilio Glabrione uscì sano e salvo, ma la memoria del fatto, che produsse grande impressione a Roma, durò famosa per lunga età; talché Frontone lo diè per tema di esercizio rettorico al suo discepolo Marc'Aurelio Cesare. Né valse al misero

---

[3] LXVII, 14.
[4] *Sat.*, IV, vv. 99-103.

giovane il fingersi stolido, come Bruto, per evitare la sorte fatale destinatagli dal tiranno, perocché venne prima esiliato e poscia dannato a morte da Domiziano, insieme con molti senatori ed uomini consolari, tra i quali Civica Cereale, proconsole d'Asia, e Salvidieno Orfito, accusati tutti di macchinare cose nuove, *quasi molitores novarum rerum*[5]. Che poi egli fosse cristiano ed in conseguenza della sua conversione martire della Fede, siccome molti opinarono, pare oggimai accertato dalla scoperta avvenuta, circa un quindici anni addietro, entro l'antichissimo cimitero di Priscilla sulla via Salaria nuova, del sepolcro gentilizio degli Acilii Glabrioni cristiani, del secondo, terzo e quarto secolo dell'èra volgare. Del nostro Acilio Glabrione, tuttavia, non si è rinvenuto né il sarcofago né qualsivoglia altra memoria, ma è da credere che egli ancora, dopo aver sofferto il martirio, sia stato sepolto nell'ipogeo di famiglia.

Il figlio di costui, Manio Acilio Glabrione, console nell'anno 124 insieme con Torquato, è conosciuto non meno per alquante iscrizioni e parecchi bolli, che per una lettera indirizzatagli dall'imperatore Adriano e conservataci nelle Pandette.

Del Manio Acilio Glabrione seniore, console nel 152, poco o nulla sappiamo, se non che egli fu il marito di Arria Plaria Vera Priscilla, secondo sembra risultare dall'epigrafe apposta alla base di una statua a lei dedicata in Pesaro. La quale Arria fu di nobile e ricca famiglia di Ostia, con cui s'imparentarono gli Acilii al tempo degli Antonini.

Segue il Manio Acilio Glabrione, due volte console sotto Commodo, e da Erodiano[6] molto ammirato per non aver contestato la porpora imperiale a Pertinace; il quale,

---

[5] SUETONIO, *Domit.*, 10.
[6] *Hist.* II, 3.

16

allorquando nell'aula del Senato volle rifiutarla e cederla al più illustre e degno dei Romani, prese per mano e condusse al trono cotesto Acilio Glabrione, perché reputato il più nobile di tutti i patrizi, εὐγενέστατος πάντων τῶν εὐπατριδῶν.

Sì fatta opinione intorno agli Acilii veggiamo perdurare nel quarto secolo; essendoché il poeta Ausonio, piangendo in un carme elegiaco la prematura morte del suo collega Acilio Glabrione, professante lettere a Burdigala (Bordeaux) e forse cristiano, dice di lui:

Stemmate nobilium deductum nomen avorum
Glabrio Acilini, Dardana progenies

cioè a dire discendente da Dardano antenato di Anchise e fondatore d'Ilio.

Gli Acilii Glabrioni, stabiliti sul *Collis hortorum* già sin dal cader della Repubblica, vi edificarono un palazzo e vi piantarono magnifici giardini, i quali inchiusero nel loro circuito tutto il tratto di terreno oggi occupato dalla chiesa e dal giardino della Trinità de' Monti, dalla villa Medici, dalla pubblica passeggiata del Pincio e da una gran parte della villa Borghese[7].

Una pregevole iscrizione votiva[8], la cui paleografia ci riporta allo scorcio del secondo secolo, fu rinvenuta, l'anno 1868, lungo il viale che conduce dal palazzo dell'Accademia di Francia al monumento dei fratelli Cairoli. Dedicata a Silvano per un voto fatto da un certo Tichico, servo di Glabrione e soprintendente de' suoi giardini:

---

[7] LANCIANI, *Forma Urbis Romae*, tav. 23.
[8] *Corpus inscr. lat.*, n. 623.

SILVANO SACRVM
TYCHICVS
GLABRIONIS N SER
VILICVS HORTORUM

e destinata probabilmente ad essere affissa ad un'edicola sacra al nume, essa ci attesta aver la collina appartenuto agli Acilii, nei primi secoli dell'Impero. Non sarebbe tuttavia possibile determinare chi sia il Glabrione ivi menzionato, possessore dei giardini.

Dei magnifici *horti Aciliorum* rimangono in piedi, o furono veduti e descritti, cospicui avanzi, tra i quali primeggiano quelli delle sostruzioni innalzate ad oggetto di sostenere il piano del monte nei tre lati di levante, di tramontana e di ponente, diligentemente disegnati dal Nolli e dal Piranesi. I quali disegni riescono di molto maggiore importanza, dopo che moderne sostruzioni hanno nascosta tutta quella parte delle antiche muraglie che non era stata danneggiata al tempo dell'occupazione francese.

Dal lato di ponente, che sovrasta la via Flaminia, non ne rimane nessuna traccia; ma la loro esistenza ci viene accertata, tanto dal Nolli quanto dal Guattani. Il primo ha delineato un buon tratto di costruzione dietro all'abside di S. Maria del Popolo; il secondo scrive che tutto lo spazio altra volta occupato da sì fatti giardini era circondato da sostruzioni, le quali incominciando dalla parte di levante e girando al settentrione pel *Muro Torto*, seguivano l'andamento naturale del colle e piegavano al ponente, essendosene rinvenuti alquanti resti fin presso l'attuale via del Borghetto.

E poiché abbiamo toccato di cotesto notevole avanzo di *opus reticulatum* dei tempi sillani o augustèi, cognito sotto il nome di *Muro Torto*, ricorderemo di passaggio, come esso si colleghi col primo periodo della guerra gotico-giustinianéa, durante l'assedio di Vitige. Narra Procopio[9], che avendo Belisario posto il suo quartier generale sul Pincio, avrebbe voluto abbattere e poi ricostruire quel contrafforte angolare molto rovinato, il quale, giusto per sì fatta ragione, era allora denominato *Murus Fractus*, ché tale a un di presso dovette essere il vocabolo latino corrispondente περίβολος διερρωγώς di Procopio.

Se non che i Romani non glielo permisero, affermando che san Pietro aveva promesso di difendere quel punto; ed avvenne di fatti che i Goti, nei ripetuti assalti dati alle mura, non si rivolsero mai contro quella rovina, con maraviglia di Procopio stesso, il quale aggiunge essersi per venerazione mantenuto quell'avanzo isolato; ed esso è rimasto e rimane tuttora tale. In qualche documento del medio evo lo troviamo indicato coll'appellazione di *Murus Ruptus* o *Inclinatus;* e sappiamo inoltre come appunto nel medio evo si costumasse di seppellire appiè di esso le donne di mala vita, ed in tempi ancor più recenti, uomini e donne che morivano impenitenti. Le quali circostanze tutte, ci forniscono per avventura la spiegazione del nome di *Muro Malo* che gli sarebbe stato a volte attribuito[10].

---

[9] B. GOTH., I, 23.
[10] TOMASSETTI, *Della Campagna Romana - Via Flaminia*, pag. 384.

Dei bellissimi giardini degli Acilii esistono tuttora, ed abbastanza ben conservate, le piscine descritte dal Vacca, dal Bartoli, dal Montfaucon, dal Guattani e da altri; il primo de' quali scrittori le dichiara *cosa notabile per la sua magnificenza*. Una di tali piscine, corrisponde sotto la Casina del Pincio, la quale, sia detto alla sfuggita, il Valadier non edificò di pianta, ma sì bene nell'attuale guisa adattò un palazzino già proprietà del cardinale della Rota e poscia abitato dal cardinale di Portocarrero, l'uno e l'altro seppelliti nella sopposta chiesa di S. Maria del Popolo[11].

Muro Torto

---

[11] LANCIANI, *Bull. Com.*, 1891, pag. 137; ARMELLINI, *Le chiese di Roma*, pag. 321.

Una scoperta importante si fece, l'anno 1789, nelle vicinanze del *Muro Torto*, della quale mette conto dar qui un breve cenno e la cui notizia dobbiamo al d'Agincourt[12], che ne ha conservato pure la pianta e la forma degli oggetti trovati; ed ecco in che consisteva.

Uscendo dalla porta del Popolo e volgendo a destra, accanto al vecchio ingresso della villa Borghese, si trovò sotto al piano della strada, ad una certa profondità, una scaletta di otto o nove gradini che conduceva ad una stanza ben conservata, il cui pavimento componevasi di piccoli compartimenti in musaici bianchi e neri imitanti scudetti quadrati, che s'intrecciavano insieme e, secondo il punto da cui si osservavano, cangiavano di aspetto e di figura. I muri e la vôlta, a botte, erano intonacati di stucco e dipinti ad arabeschi di fogliami e ad uccelli; spiccava la vôlta da una elegante cornice decorata di stucchi svariatamente e con bel garbo colorati. Da cotesta stanza penetravasi in un'altra di uguali dimensioni, ma senza ornamenti di sorta, la quale introduceva in un corridoio che metteva al *Muro Torto*, con le pareti di opera laterizia come le sostruzioni.

---

12 *Recueil de fragm. de sculpt. ant. en terrecuite*, pag. 45, tav. XIX. Paul Louis Courrier ci descrive, in una lettera, il grazioso giardinetto dell'archeologo e numismatico francese Seroux d'Agincourt, posto presso la Trinità dei Monti – sul luogo già occupato dagli antichi *horti Aciliorum* – tutto seminato di piante e di bellissimi fiori, accomodati con grande gusto artistico, con due fontane versanti acqua entro sarcofagi antichi e la casa situata in uno degli angoli, e incantevole veduta su Roma e gli opposti colli di S. Pietro in Montorio e del Vaticano. E termina accennando ad una antica tomba, nascosta tra il verde folto fogliame del giardino, appartenente ad una tale Fauna morta nella tenera età di quattordici anni, nella cui iscrizione si augura che la terra sia leggera alla pia ed amata fanciulla (*Lettres inédites écrites de France et d'Italie*, 1787 à 1812).

Casina del Pincio

Nella seconda camera vedevansi ficcate a terra anfore, o *diotae*, di differenti forme, disposte su di una linea tra una porta e l'altra; nel corridoio poi altrettali vasi erano collocati a destra e a sinistra in doppia fila ed in numero prodigioso. Una sola di quelle anfore conservava il coperchio, e conteneva dell'acqua pura, forse filtrata, mentre in altre si rinvennero piccole teste di terracotta, una mano di avorio, vasi pure in terracotta della forma di quelli detti lagrimatorii, ossa disseccate di differenti animali, quadrupedi, pesci, lucertole, serpenti; e finalmente aghi crinali di avorio e di bronzo, appartenenti al mondo muliebre, e medaglie non troppo ben conservate. Non si potè apprendere la ragione per la quale tante cose e tanti oggetti tra loro disparati si trovassero là entro riuniti; onde la popolare fantasia e credulità volle ivi riconoscere un covo di streghe, e in quegli oggetti strumenti di magìa e di maleficî.

Oltre i giardini degli Acilii Glabrioni altri ancora, non meno magnifici, sorgevano sulle alture del *Collis hortorum*, de' quali basti allegare quelli rinomatissimi di Lucio Licinio Lucullo, il vincitore di Mitridate e di Tigrane, i primi orti sontuosi ricordati dalla storia, situati nella parte meridionale del Pincio; e gli *horti Pompeji*, da Asconio Pediano nel suo commento a Cicerone indicati col nome di *horti superiores*[13], per distinguerli forse dagli altri che Pompeo ebbe nel Campo Flaminio; e finalmente i giardini dei Domizii sul lato settentrionale del colle, ove venne sepolto Nerone.

E poiché ce ne viene il destro, crediamo non al tutto inutile il ricordare la curiosa leggenda che si riferisce a quell'Imperatore e all'antica chiesa di S. Maria del Popolo la quale, secondo porta la leggenda stessa, sarebbe stata edificata da Pasquale II in sullo scorcio dell'undecimo secolo, non ad altro oggetto che per liberare quei dintorni dalle notturne apparizioni del malo spirito di Nerone, il cui fantasma il popolo, superstiziosamente atterrito, affermava di vedere uscire dal sepolcro e vagare in sulle circostanti alture. Ed aggiungevasi che lì presso vi fosse una caverna di diavoli, molti de' quali appiattati tra i rami di un noce che, nato sulle rovine di quei giardini, eccedeva in altezza qualsivoglia altro albero, assai danneggiavano non pur la città di Roma, ma chiunque per di lì transitasse, mentre si vedevano spaventose apparizioni e udivansi voci terribili e sinistre. Onde Pasquale II, rivoltosi con preghiere alla Vergine Maria affinché volesse a tanto disordine porre riparo, questa, comparendogli in sogno, gl'ingiunse di abbattere il grande albero di noce, ricovero dei demonii, e gittare nel Tevere le ceneri di

---

[13] *In Mil.*, 32, 45.

Nerone; poscia edificare sul luogo una chiesa a lei consagrata.

Torre di Nerone

Le quali cose tutte mandate ad effetto da quel Pontefice, ogni spaventoso prodigio cessò all'istante. Non se ne perdè tuttavia la memoria, siccome viene ad attestarlo la torre che nel medio evo vedevasi allato della chiesa di S. Maria del Popolo, detta appunto *Torre di Nerone* per la popolare credenza che vi apparisse lo spirito di quell'Imperatore: e sì fatta torre, che chiamavasi ad un tempo *il Trullo*, nome in quell'età comune ad altri edifici ancora, troviamo disegnata in una delle piante della città di Roma anteriori al decimosesto secolo, con la leggenda: *Torre dove stette gran tempo il spirito di Nerone*[14].

La quale poi non si dovrà confondere, né con la *Torre Mesa* che sorgeva altissima verso il mezzo del Quirinale, costruita forse dai conti del Tuscolo e distrutta da papa Innocenzo XIII, parimente denominata *Torre di Nerone* per la ragione che la popolare fantasia compiacevasi fingerla quella donde Nerone avrebbe contemplato l'incendio di Roma, cantando l'eccidio di Troia di cui quel disastro rendeva viva la tremenda imagine; né con l'altra bellissima fra le reliquie dell'età di mezzo, detta *Torre delle Milizie*, cui oggi ancora il volgo, del pari impropriamente, riferisce la medesima favolosa tradizione.

Ma torniamo al nostro proposito. Degli orti degli Anicii, situati pure sulle alture del Pincio, non istaremo a far parola, ché essi non furono se non una cosa con quelli degli Acilii, essendosi le due famiglie imparentate e coll'andar del tempo fuse insieme. Per ciò che concerne il nome di Pincio dato al colle, esso trae certamente origine dalla *gens Pincia* che ivi ebbe una *Domus Pinciana*. L'Huelsen di fatti ci apprende, che Sesto Petronio Probo, console l'anno 371, possedeva un palazzo presso l'odierna chiesa della Trinità dei Monti, provenutogli dalla moglie, Anicia Faltonia Proba, nel cui «Elogio» pomposamente si dichiara, come essa illustrasse *Amnios Pincios Aniciosque*[15], e che per essere discendente dal lato materno di un Pincio, un patrizio dei tempi che succedettero a Diocleziano, avrà portato in retaggio al marito il *Palatium Pincianum* ed il colle[16]. Il qual palazzo poi, avvenuta la grande catastrofe dell'anno 410 e la decadenza della

---

[14] DE ROSSI, *Piante icon. e prosp. di Roma anteriori al secolo XVI*, tav. XII.
[15] *Corpus inscr. lat.*, VI, 1754.
[16] HUELSEN, *Roem. Mittheil.*, 1889, pag. 269.

famiglia Anicia, – nelle cui mani, siccome più indietro accennammo, i giardini degli Acilii eran passati – entrò nei

Viale del Pincio

possessi imperiali e continuò a farne parte sino al sesto secolo. In esso dimorò Belisario nel tempo che i Goti misero l'assedio a Roma ed ivi fece condurre nel suo cospetto il santo papa Silverio. Chiamavasi allora il colle *Mons Pinzi*, donde S. Felice *in Pincis* si denominava una piccola chiesa, oggi rovinata, nelle adiacenze della Trinità dei Monti. Ad ogni modo, il documento forse più antico in cui comparisca il nome di *Mons Pinzi*, è la bolla di Agapito II, data a favore del monastero de' Ss. Stefano, Dionisio e Silvestro Catapauli, oggi di S. Silvestro in Capite.

Ricorderemo da ultimo, come *Pinciana* fosse detta nel secolo sesto la porta che tuttora ritiene tal nome, la quale per essere stata ricostruita da Belisario, ebbe pure l'appellazione di *Belisaria*. Il che diè origine nei tempi bassi alla volgare tradizione, che cotesto capitano bizantino, venuto in disgrazia del suo signore, dinanzi a quella porta, esule e cieco, si fosse ridotto a domandar la limosina; tradizione convalidata, in tempi più recenti, da una epigrafe rozzamente graffita su di una pietra situata lì accanto e che diceva: *date obolum Belisario*.

In quanto alla seguente iscrizione che leggesi su di una fistola in piombo:

AQVA PINCIANA
D N FL VALENTINIA
NI AVG[17]

questa, a parere dell'Huelsen, dovrà più presto riferirsi a Valentiniano III, cioè al quinto secolo, che a Valentiniano I o a Valentiniano II, l'uno e l'altro coevi di Sesto Petronio Probo.

Il *Collis hortorum* potrebbe fornirci materia ad un più ampio studio, ove ne avessimo maggior tempo ed agio. Del resto, ciò che ci resterebbe ad aggiungere, non si collegherebbe se non indirettamente col principale soggetto del presente articolo; e però diremo addio ai giardini degli Acilii ed ai personaggi di cotesta illustre famiglia, i cui lontani

---

[17] *Corpus inscr. lat.*, VI, 7259.

ricordi dormono da secoli sotto le erbe profumate e i viali fioriti di rose del monte Pincio[18].

---

[18] I disegni inseriti nel presente articolo, sono ricavati da fotografie espressamente e gentilmente a mia richiesta eseguite dal sig. cav. Andrea Vochieri.

LA CASA AUREA DI NERONE

LA CASA AUREA DI NERONE

Riporta Cassio Dione[19] che Gneo Domizio Enobarbo, marito di Agrippina, uomo bestiale, macchiato d' infami delitti e al tutto degno di lei, agli amici congratulantisi della nascita di un figliuolo rispondesse, che da Agrippina e da lui non poteva nascere se non un mostro, fatale al genere umano.

E questo figliuolo, nomato Domizio da prima e più tardi Nerone, quantunque negli inizî del suo regno si mostrasse mite e benigno al punto da desiderare di non saper lettera anziché sottoscrivere una sentenza di morte presentatagli, divenne ben presto un sanguinario ed un pazzo rotto ad ogni vizio; non tuttavia un pazzo volgare, ché egli sortì dalla natura, se non in tutto almeno in parte, l'animo elegante di un artista. Ond'è che lo veggiamo successivamente poeta, scultore, pittore; e pubblico cantore e guidator di cavalli e recitator di tragedie, pronto sempre a prender da tutto motivo per farsi ammirare sui teatri, nel circo ed alle feste de' cittadini, dovunque accompagnato e applaudito da cinquemila cavalieri *Augustani*, arruolati e istruiti da speciali maestri, i quali divina proclamavano la bellezza e la voce del giovane principe.

Per quello che concerne le sue poesie, che egli con molta cura elaborava, da quei pochi frammenti che ne rimangono chiaramente s'inferisce, che egli cercava soprattutto la grazia

---

[19] 61, 1.

31

e l'eleganza, per entro tuttavia una forma alquanto pedantesca ed accademica.

Innamorato, sebbene con poco discernimento, d'ogni cosa bella e straordinaria, cupido di nuove scoperte e di audaci imprese, *incredibilium cupitor* giusta il detto di Tacito[20], egli, nella sua ebbra e sbrigliata fantasia, non sognava se non palazzi chimerici e città maravigliose come Babilonia, Tebe e Memfi; e Roma agognava di riedificare da cima a fondo, e dal suo nome chiamarla *Neropolis*.

Imperocché, quantunque Roma da circa un secolo fosse venuta a tale da poter pareggiare le antiche capitali dell'Oriente ed i molti suoi edifici presentassero insieme bellezza e solidità, pur nondimeno le vie anguste e tortuose e le vecchie case non si affacevano al gusto squisitamente elegante di Nerone, e meschina appariva la città agli occhi della gente alla moda. Inoltre il giovane e insensato Imperatore vagheggiava nella mente mille fantastici disegni, e ad ogni poco ripetendo che nessuno prima di lui aveva saputo fin dove potesse giungere la potenza di un Cesare, ardentemente bramava o un avvenimento che registrasse una data celebre nei fasti del suo regno, ovvero di assistere a un qualche straordinario spettacolo, degno, come egli diceva, di un grande artista. E si vuole che in uno de' suoi momenti di pazza ferocia avesse chiamato felice Priamo cui era toccato in sorte di veder perire ad un tempo e la casa ed il regno; e che un giorno, udendo da taluno ripetere quel noto verso del *Bellerofonte* di Euripide:

Morto che io sia, arda la terra intera[21],

---

[20] *Annal.* XV, 12.

[21] Ἐμοῦ θανόντος γαῖα μιχθήτω πυρί, che corrisponderebbe in certa guisa al detto francese attribuito alla Pompadour: *après moi le déluge.*

32

egli avesse tosto soggiunto: «perché non più presto me vivo?»

È inoltre da credere che Nerone fosse perseguitato dalla mania incendiaria, come oggigiorno si direbbe, e che la catastrofe di Troia l'occupasse continuamente, perocché fra le altre sue ridicolaggini fuvvi pur quella di scendere, durante un pubblico spettacolo, nell'orchestra del teatro e recitare un certo suo poema, intitolato: *Delle cose Troiane*. E da Suetonio ricaviamo come in una delle tante feste date da Nerone al popolo romano, facesse rappresentare l'*Incendium* di Afranio, in cui per l'appunto vedevasi in sulla scena un incendio; e la casa in fiamme egli permise agli attori di saccheggiare.

Onde non è da stupire che gli prendesse il barbaro capriccio di accendere ed ardere l'intera città, e sulle rovine di questa innalzare una novella Roma qual egli la sognava nella eccitata sua fantasia, tutta magnifica di simmetria, grandezza e maestosi edifici. E tale perverso disegno potè finalmente condurre ad effetto il dì 19 di luglio dell'anno 64, nel giorno stesso in cui tanti anni prima Roma era già stata incendiata dai Galli.

Il fuoco scoppiò terribile nelle vicinanze della porta Capena dal lato del Circo Massimo, tra il Palatino ed il Celio, e rapidamente si diffuse e propagò da per tutto, fomentato dal vento, dai calori estivi e da coloro che, non soltanto impedivano agli altri di spegnerlo, sì anche vi lanciavano a bella posta fiaccole ardenti, gridando così avere avuto ordine, o forse anche per meglio rubare. Corse spaventoso e devastatore per molti giorni e molte notti, allargandosi nel piano e salendo ai colli, senza dar tempo la sua furia a ripari. Il sesto giorno finalmente si arrestò appiè delle Esquilie; poi rappiccossi e divampò con novella violenza, sebbene con minor danno, e della vecchia Roma con le sue strade anguste e tortuose e co' suoi chiassuoli fece un'immensa pira infernale.

Andarono in cenere tre intere regioni, di sette restarono pochi avanzi, e solamente quattro rimasero illese. Sarebbe impossibile raccorre il numero delle case, delle isole e de' templi consumati dal fuoco; infinito fu il numero delle vittime. Tra gli edifici arsero i più venerati per antichità e religione; come, ad esempio, quello eretto da Servio Tullio alla Luna, l'Ara Massima e l'edicola consacrata ad Ercole dall'arcade Evandro, il tempio di Giove Statore votato da Romolo, il palazzo di Numa e il tempio di Vesta col Palladio e coi Penati del popolo romano; e oltracciò le spoglie di tante vittorie, i miracoli dell'arte greca, gli antichi manoscritti monumenti della storia, opere di grandi intelletti, ed altre molte e preziose cose.

Nerone tentò di riparare alla grande miseria prodotta dall'incendio, mediante solleciti ed efficaci soccorsi; e si fecero espiazioni, sacrifici e preghiere a fine di placare la collera degli Dei. Le matrone romane supplicarono Giunone in Campidoglio, e vegliando presso le are de' Numi celebrarono speciali cerimonie, mentre il popolo, atterrito e stremato dall'immensa sciagura, contrasse voti per annuali sacrifici *incendiorum arcendorum causa*. De' quali voti ci danno oggidì testimonianza e due note iscrizioni rinvenute nei secoli addietro presso la chiesa di Sant'Andrea al Quirinale, e l'ara monumentale dissotterrata l'anno 1888 in quei medesimi dintorni[22].

Ma né pronti soccorsi, né larghezze del principe, né espiazioni religiose, poterono attenuare a Nerone l'infame grido di aver egli bruciata Roma, onde per iscagionarsene ne

---

[22] *Notizie degli scavi*, 188, pag. 493; LANCIANI, *Bull. Arch. Com.*, 1889, pag. 331 e segg.; HUELSEN, *Mittheil.*, 1894, pag. 94.

die' la colpa ai Cristiani, tenuti rei di nuova e pestifera superstizione e accusati di ogni sorta di scelleraggini. E questi fece crudelmente straziare, sottoponendoli a torture e supplizi inauditi, ed ai più atroci tormenti aggiunse gl'insulti e gli scherni.

Alcuni, avvolti in pelli di animali, furono fatti sbranare vivi da cani; altri vennero affissi alle croci; altri finalmente legati a pali e coperti di una tunica resinosa e impeciata (la così detta *tunica molesta*, pena riservata agli incendiari), servirono ad illuminare a guisa di torchi la festa circense che Nerone, o vestito da auriga in sul cocchio o spettatore tra la plebe, celebrò ne' magnifici giardini che possedeva di là dal Tevere e che occupavano il luogo dell'attuale Borgo, della basilica di S. Pietro e della gran piazza Vaticana. Il circo, cominciato da Caligola e terminato da Nerone, aveva nel mezzo della spina l'obelisco eliopolitano in granito rosso che oggi vedesi eretto di fronte alla basilica.

E queste furono le famose luminarie di Nerone, che caddero il 1° di agosto dell'anno 64, e con le quali, dirò ripetendo le parole di un illustre scrittore francese[23], si aprì il sublime poema del martirio cristiano, l'epopea dell'Anfiteatro, che durò per ben duecentocinquant'anni. Perocché è indubitato che quel giorno segna nella storia del mondo l'inizio delle vere persecuzioni fatte ai Cristiani, contro ai quali si emanarono allora leggi speciali, e il Cristianesimo venne dichiarato illegale.

Ciò nonostante, sebbene l'orrore che a questi seguaci della novella Fede faceva la vista dei templi e degli edifici più sacri di Roma e l'addebito che lor si faceva di voler vedere la distruzione del mondo rendessero plausibile il sospetto che essi fossero i veri autori dell'incendio, l'opinione pubblica

---

[23] RENAN, *L'Antechrist*, pag, 174.

non se ne appagò; e lo stesso Tacito asserisce essere stati i Cristiani meno incolpati di aver incendiato Roma che di odiare il genere umano[24]. E lo strazio feroce di uomini innocui offerenti volontari la vita in olocausto a un Dio Redentore, *immolati non per utilità pubblica, ma per bestialità di un solo*[25], mosse a pietà persino il popolo, che li calunniava e aborriva.

In quanto ai Cristiani, che dell'orrenda strage dell'anno 64 serbavano dolorosa memoria, Nerone, per loro scomparso ma non morto, divenne col tempo la *Bestia* dell'Apocalisse, il tipo dell'Anticristo prenunziato dal Veggente di Patmos, destinato a ricomparire nei giorni precedenti la fine del mondo per ristabilire il regno dell'iniquità.

Il fatto poi che Nerone dall'alto della torre di Mecenate, secondo alcuni[26], o dalla cima del suo palazzo, secondo altri[27], avesse assistito all'incendio da lui comandato, in abito teatrale e cantando sulla cetra la rovina di Troia, non è cosa certa, né Tacito, storico altrettanto serio quanto imparziale, dà molta autorità a quel racconto. Egli ne fa cenno come di una semplice voce che correva per la città; anzi prosegue dicendo, che Nerone allo scoppiar della catastrofe si stava sollazzando in Anzio, e che non tornò in Roma se non quando il fuoco approssimavasi alla sua casa[28].

E questa casa imperiale che in origine non fu se non l'abitazione di Tiberio sul Palatino, modesta e di uso

---

24 *Annal.* XV, 44.
25 TACITO, *Annal.* XV, 44.
26 SUETONIO, Ner. XXXVIII.
27 DIONE, 62, 18.
28 *Annal.* XV, 39.

36

essenzialmente privato, quantunque poscia considerabilmente ingrandita da Caligola, non piacque a Nerone, cui sembrava troppo meschina ed angusta. Ond'egli la protrasse insino ai giardini di Mecenate sull'Esquilino e la chiamò Transitoria, cioè di passaggio, per la ragione che traversando essa una gran parte della città, fu di bisogno conservare i transiti delle vie. Consumata quindi dal fuoco, Nerone si die' a riedificarla con molto maggiore magnificenza, estendendola dal Palatino alle Esquilie ed al Viminale e di lì fin sulle alture del Celio; e per l'oro e per le preziosità che racchiudeva, non mai prima di allora in tanta copia vedute, si alzò portentosa sulle rovine della patria, col nome di Casa Aurea.

Per dare un' idea del lusso e della vastità di cotesta casa, basterà ricordare che il vestibolo era sì grande da poter contenere la statua colossale in bronzo di Nerone, alta centoventi piedi; e sì ampia da poter avere tre portici di colonne che si estendevano e continuavano per la lunghezza di mille passi. Eravi un lago o stagno artificiale simile ad un mare con edifici all'intorno a guisa di città; e vi si ammiravano terre, campi, vigneti e pascoli; ed oltracciò boschetti ameni e solitari e selve popolate di animali domestici e di fiere, veri giardini zoologici nel mezzo dell'antica Roma. Per alimentare il lago, non che per l'uso della sua casa, Nerone condusse l'acqua Claudia mediante l'acquedotto celimontano, quantunque ai bisogni della Casa Aurea provvedesse il vasto serbatoio d' acqua noto col nome di Sette Sale, opera certamente neroniana.

Nelle diverse parti dell'edificio, tutto era risplendente d'oro, di gemme e di madreperle e fregiato di vaghissime pitture, e rari e pregevoli marmi di vari colori ricuoprivano le pareti delle sontuose stanze. Nei triclini le volte di avorio, rivolgendosi con mirabile congegno, spargevano fiori e prelibati profumi sui convitati; mentre la principale di queste sale, di forma rotonda, girava perpetuamente giorno e notte per imitare il movimento della terra. I bagni erano forniti dalle acque del mare e da quelle dette Albule; ed allorquando Nerone, compiuta la principal parte del maraviglioso edificio, volle inaugurarla, esclamò che finalmente cominciava ad abitare come si conveniva ad un uomo. Il che die' luogo al seguente epigramma, riferitoci da Suetouio[29]:

Roma non sarà più che una casa: migrate, Quiriti, a Veii, se pure questa casa non invada anche Veii!

E per adornare la Casa Aurea, Nerone saccheggiò l'Asia e la Grecia; prese a Delfo cinquecento statue di bronzo immagini di Numi e di uomini; rapì a Tespia l'Amore di Prassitele; depredò Olimpia, e le opere più belle collocò nelle stanze delle sue turpitudini. Non perdonò né a cose sacre, né a profane, spogliò i templi, fece sua preda l'oro dei trionfi e i voti appesi ai Numi, mise accatti e imposizioni e mandò in rovina l'Italia e tutto l'Impero.

Qui poi mi sia permesso fare osservare, come i primi indizi di lusso e di eleganza nella edificazione delle case in Roma, risalgano a quell'intervallo di tempo che corse tra la prima e la seconda guerra punica, ché già insin d'allora incominciavasi a veder case ornate di legno di cedro e di avorio; dove per lo innanzi le abitazioni, anche quelle de' ricchi, erano di una severa semplicità e prive di qualsivoglia superfluo ornamento.

Tuttavia il lusso propriamente detto non apparisce se non negli ultimi tempi della Repubblica, quando, cioè, venne

---

[29] *Ner.* XXXIX.

per la prima volta in uso l'adoperare il marmo, sì nelle costruzioni come nell'arte decorativa. Imperocché verso l'anno 92 avanti Cristo, dopo tante spedizioni guerresche e vittorie riportate nei paesi della Grecia e dell'Oriente, così ricchi in colonnati di marmo, non un solo degli edifici di Roma ne aveva. E però non destò poca maraviglia vedere L. Crasso, uno degli uomini più ragguardevoli dello Stato, abbellire pel primo l'atrio della sua casa sul Palatino di alquante colonne di marmo imezio, che egli del resto aveva fatte venire non a questo scopo, sì bene pel teatro da lui costrutto durante la sua edilità. La qual raffinatezza di lusso gli valse non pure il severo biasimo di Cn. Domizio suo collega nella censura, ma il soprannome di *Venere Palatina* che motteggiando gli die' M. Bruto, padre dell'uccisore di Cesare. Comunque sia pertanto l'uso se ne estese talmente, che i censori si videro obbligati di mettervi un freno coll'imporre una tassa, detta *columnarium*, sul numero delle colonne.

In quanto alla casa di Crasso, stimata sei milioni di sesterzi, e il cui maggior valore consisteva nell'avere un giardino con sei antichissimi e bellissimi alberi di loto, senza il quale avrebbe valso la metà, era di gran lunga superata in magnificenza da quella del vincitore dei Cimbri, Q. Catulo console l'anno 102, situata parimente sul Palatino, non che dall'altra del giureconsulto C. Aquilio sul Viminale, reputata la più bella di Roma.

Ma l'anno 78 la bellissima fra tutte era senza dubbio la casa di M. Emilio Lepido, console di quell'anno, la cui soglia in marmo numidico o giallo antico, insino allora ignoto ai Romani, die' argomento a molte dicerie. Mamurra di Formia, cavaliere romano e luogotenente di Cesare, che si era sfrontatamente arricchito con le spoglie della Gallia Comata, fu il primo ad avere la casa, posta sul Celio, tutta piena di colonne di solido marmo caristio e lunense, e ad introdurre in Roma l'uso alessandrino d'incrostare di marmi le mura dei fastosi appartamenti. Ricorderò da ultimo, che M. Emilio Scauro, quel medesimo che si rese famoso per la magnificenza degli spettacoli dati durante la sua edilità, adornò l'atrio del suo bellissimo palazzo sul Palatino di trecentosessanta grandi colonne di un marmo scuro dell'isola di Melos, detto luculleo da Lucullo che lo trasportò a Roma, le quali colonne per altro egli aveva da prima destinate ad abbellire la scena del suo teatro.

Certo poi è che le costruzioni a Roma ebbero un nuovo e grande incremento dopo la battaglia d'Azio; e il lusso e l'eleganza delle case andò sempre aumentando sino alla morte di Nerone.

Le sale, con le volte ricche d'oro, di avorio e di stucchi e le pareti rilucenti di marmi preziosi ovvero dipinte a storie o a fogliami, avevano i pavimenti a musaico, l'uso de' quali, che risale a un tempo anteriore a Siila, era divenuto, per dir così, indispensabile, se dobbiam giudicarlo da Cesare, il quale ne portava seco per la sua tenda persino nelle spedizioni militari[30]. I peristili marmorei erano popolati di statue circondate da alberi e da fiori, e animati dal getto di belle fontane, che coi loro zampilli rinfrescavano e deliziavano il luogo. Riferisce di fatti Suetonio, che nel mezzo del peristilio della casa di Augusto sul Palatino eravi una fonte saliente presso cui quell'Imperatore soleva nella state giacere, facendosi far vento da un servo[31].

Ma tutto il lusso degli edifici e de' palagi di Roma fu vinto e superato dagli splendori della Casa Aurea, la vastità della quale, cui già a suo luogo accennammo, venne anche

---

[30] SUETONIO, *Caes.* XLVI.
[31] Ibid. *Octav.* LXXXII.

notata da Plinio, quando afferma di aver per ben due volte veduto l'intera città invasa dalle sontuose case di Caligola e di Nerone. Ed aggiunge che non certamente in cotal guisa abitarono coloro che, tolti dall'aratro e dall'umile focolare per soggiogare popoli e riportar trionfi, avevano fatto sì grande l'Impero romano, e le terre de' quali occupavano assai minore spazio che non le sale destinate ai turpi e segreti piaceri di quei principi[32].

Architetti della Casa Aurea furono Celere e Severo, che ebbero pure l'incarico di riedificare Roma dopo l'incendio neroniano. Artisti ambidue di gran vaglia e di molto ardire, capaci di tentar con l'arte loro cose sopra natura, essi avevano anche ideato di scavare un canale navigabile dal lago di Averno ad Ostia a traverso aride spiaggie ed opposti monti. Senonché, dopo alquanti infruttuosi tentativi, tale audace disegno andò fallito. Altre notizie di cotesti due insigni artisti non ci avanzano, perocché l'opinione di coloro che in un antico capitello romano posto nella chiesa di Sant'Agnese sulla via Nomentana e portante l'iscrizione:

CELERI
NERONIS
AVGVSTI · L ·

vollero vedervi commemorato il primo dei surriferiti architetti di Nerone, venne con sicurezza di critica respinta tanto dal De Rossi quanto dal Bormann. Secondo i quali l'errore avrebbe tratto origine da una cattiva lezione di quella epigrafe; comunque sia, a noi basta averne dato cenno.

Nella Casa Aurea tutto fregiavasi d' oro, di gemme e di perle, ed in ogni angolo era profusione di ricchezze.

---

[32] *H. N.* XXXVI, 24.

Splendidissimi gli addobbi e innumerevoli le opere d'arte e le rare suppellettili di preziose materie lavorate da famosi artisti.

Delle pitture che vagamente l'adornavano si ricordano quelle di Famulo, pittore di cose amili, ma, al dir di Plinio[33], *grave* ed *austero* e ad un tempo *florido* (*gravis ac severus, idemque floridus*), il quale aveva fatto una Minerva che fissava lo sguardo sui riguardanti da qualunque parte fosse contemplata. Dipingeva costui soltanto poche ore del giorno, e sempre in toga ed in contegno grave stando anche in sui ponti; e si può dire che egli ebbe per carcere la Casa Aurea[34], perché l'arte sua unicamente operò ad adornare quella superba dimora imperiale. Un saggio delle pitture di lui, o per lo meno da lui dirette, abbiamo nelle stanze sotterranee attribuite alle terme di Tito.

Nerone racchiuse entro la Casa Aurea il tempio della Fortuna Seia, già edificato da Servio Tullio, e lo rivestì di marmo fengite, marmo giusto in quei giorni scoperto nella Cappadocia, il quale aveva la speciale qualità di riflettere le immagini a modo di specchio.

Nel vestibolo, siccome di sopra toccammo, ergevasi il Colosso di Nerone alto centoventi piedi[35], opera di Zenodoro, celebre artista di quei tempi. Fu un ritratto di una somiglianza sorprendente, il quale poscia, in odio al tiranno, venne dedicato al Sole, con una gigantesca corona radiata in sul capo. Ma quantunque Nerone avesse largamente fornito l'oro e l'argento necessari, la lega del bronzo non riuscì così perfetta come in altri lavori più antichi, donde si venne a conoscere che l'arte di fondere il bronzo era molto scaduta.

---

[33] *H. N.* XXXV, 37.
[34] XXXV, 37.
[35] Variano pertanto gli antichi autori intorno alla sua altezza.

Vespasiano nel dedicare il sacro recinto della Pace, trasportò il Colosso ove più tardi Adriano innalzò il tempio di Venere e Roma, donde poi quest'ultimo Imperatore lo tolse per collocarlo nel luogo in cui tuttora ne rimane la grande base laterizia, a destra di chi guarda la fronte del predetto tempio; servendosi pel difficile lavoro dell'architetto Detriano o Demetriano che v'impiegò l'opera di ventiquattro elefanti. Commodo lo abbellì di nuovi ornamenti[36], ed alla testa di Nerone, già adattata al Sole, sostituì la propria effigie.

Ricorderò finalmente, che, secondo si ricava dal Calendario Filocaliano, per lo meno nel quarto secolo, si celebrava una festa annuale in onore del Colosso, che in quell'occasione solevasi incoronare, probabilmente di fiori; la qual cerimonia troviamo registrata nel predetto Calendario il giorno 6 di giugno sotto le parole: COLOSSVS · CORONATVR[37]. Nulla per altro possiamo dire intorno alla durata di quel bronzo, essendoché l'interpretazione data da alcuni ad un passo di Cassiodoro, secondo il quale sarebbe stato ancora in piedi nel sesto secolo, è al tutto insussistente. Quel passo si riferisce al Colosso di Rodi.

A Nerone peraltro non fu dato veder compiuta tale maravigliosa dimora, sogno bizzarro della sua mente malata, ché la morte non glielo permise; e però Ottone, nell'assumere l'impero, decretò per prima cosa cinquanta milioni di sesterzi per recarla a compimento, dalla qual somma si può facilmente rilevare il costo straordinario di sì fatta costruzione. Il decreto tuttavia, per la corta durata del regno di Ottone, non potè esser posto in effetto, né di ciò pare si desse pensiero Vitellio. Il quale invece rimproverando a Nerone di aver male abitato e di essersi servito di una

---

[36] LAMPRIDIO, *Comm. Ant.*, XVII.
[37] *Corpus Inscript. Latin.* I, pag. 266 e pag. 319, ed. 2ª.

scarsa e vile suppellettile, cercò un'altra casa ove alloggiare; talmente poco piacevagli ogni cosa di lui.

Di modo che allorquando Vespasiano salì al trono, il palazzo imperiale era presso a poco nello stato medesimo in cui lo aveva lasciato Nerone. L'indole parca e modesta di quel principe trovossi pienamente d'accordo con la disapprovazione generale per una fabbrica che toglieva al pubblico tanto spazio da abitare, e che quando pure fosse stata terminata, avrebbe richiesto somme enormi per la sua conservazione. Onde considerando tali cose, Vespasiano annullò la stravagante e costosa fabbrica, e restringendo la residenza de' Cesari al Palatino, abbandonò al pubblico tutto il resto, sia che fosse compiuto sia che rimanesse imperfetto.

È pertanto da avvertire, come Tito si riserbasse una parte della Casa Aurea riducendola a proprio uso, e vi edificasse dappresso le sue terme. E questo palazzo di Tito, che in grandezza uguagliava gli odierni palazzi Vaticani, estendendosi lungo la via Labicana e giungendo sino alla villa Field, racchiudeva nel suo recinto una parte della magnifica piscina neroniana, oggi chiamata Le Capocce o le Sette Sale, secondo l'autorevole opinione del chiar. dottor Huelsen, e come appieno risulta dalla bella ed accurata sua pianta della Casa Aurea, non per anco pubblicata, ma da lui gentilmente comunicatami.

A ognuno poi è noto che il famoso gruppo del Laocoonte, opera di Agesandro e de' suoi due figli Polidoro e Atenodoro da Rodi, fu rinvenuto nel secolo decimosesto, ai giorni di Giulio II, entro la vigna di un certo Felice de Fredis[38], appunto presso le Sette Sale, in una stanza che

---

[38] Sepolto nella chiesa di Aracoeli, si legge registrata nel suo epitaffio l'avventurosa scoperta, per la quale ebbe in compenso i dazi della porta San Giovanni.

certamente fece parte della *domus Titi*. In Plinio di fatti leggiamo, che il Laocoonte stava *in Titi imperatoris domo*[39].

Ma, per tornare alla Casa Aurea, Vespasiano, siccome più sopra significammo, trasportò il Colosso altrove, e coi materiali del demolito vestibolo non solo costruì il tempio e il sacro recinto della Pace ma riedificò magnificamente il tempio di Claudio atterrato da Nerone per le ampie costruzioni della sua casa; e nel luogo del lago artificiale, da lui prosciugato, innalzò il grande Anfiteatro dal suo nome detto Flavio, *portento della grandezza romana*, celebrato come la più splendida maraviglia del mondo[40]. E così ebbe fine quell'insensata mole.

Vari ritrovamenti avvenuti in questi ultimi quattro secoli condussero a luce non dubbi né scarsi avanzi della Casa Aurea, alcuni de' quali sono tuttora esistenti sotto il tempio di Venere e Roma e nei giardini altra volta dei cardinali Pio di Carpi e Marzio Colonna, ed oggi appartenenti all'Ospizio delle Mendicanti.

Nella prima metà del decimosesto secolo, entro la vigna de' monaci di S. Pietro in Vincoli, fu scavata una parte considerabile della Casa Aurea, consistente in camere bellissime con istucchi scolpiti su fondo d'oro, e portici di colonne della più fina breccia, e capitelli di ordine ionico ed altre consimili reliquie.

Un'altra ala del palazzo neroniano, vale a dire un corridore sul quale si aprivano cinque stanze per ospiti, con un ricco ornato di pitture a musaico, si rinvenne l'anno 1668 non lungi dal Colosseo, nelle adiacenze delle terme di Traiano.

---

[39] *H. N.*, XXXVI, 37.
[40] MARZIALE, *De Spect.*, I.

Ricorderemo infine che altri resti esistono nel giardino annesso alla Scuola degli Ingegneri sotto il fabbricato della Polveriera, come pure nella villa Gualtieri e nella villa Field; e che un bel ninfeo incrostato di conchiglie e di pietruzze smaltate si venne a scoprire l'anno 1895 in quella stessa vigna Nobili nella quale Pietro Sante Bartoli narra di aver veduto tornare in luce, a' giorni suoi, diverse sale sotterranee abbellite di marmi, di pitture, di statue e di fontane. Né è da dimenticare che anche una porzione della basilica di Costantino fu innalzata sulla Casa Aurea, il cui grande vestibolo, riccamente ornato di colonne e di sculture, stette nella *Summa Sacra Via* tra il Foro e il tempio di Venere e Roma. Ma la parte principale della sontuosa casa di Nerone giace tuttora sepolta e pressoché intatta sotto le terme di Traiano, le quali prossime alle altre di Tito, dovettero essere a queste congiunte mediante corridoi o meglio portici[41].

Le rovine della *Domus Aurea* sottostanti alle terme di Tito furono, com'è notissimo, visitate al principiar del decimosesto secolo da Giovanni da Udine, il quale stupefatto della bellezza degli stucchi e dei dipinti che ne fregiavano le volte e le pareti con vaghissime e capricciose invenzioni, si die' accuratamente a studiarli e più volte li disegnò e li ritrasse, onde a quella maniera provenne il nome di *grottesca*, perché ritrovata entro le grotte. Gli schizzi che Giovanni ne fece, inspirarono il suo maestro Raffaello Sanzio a produrre la bella e immortale creazione delle Logge Vaticane[42]. Oggi, per mala sorte, di quegli stucchi e di quegli affreschi non rimangono se non scarse vestigia, che un'idea assai imperfetta danno della loro primitiva bellezza.

---

[41] LANCIANI, *The ruins and escavations of ancient Rome*, pag. 361.
[42] VASARI, *Vita di Giovanni da Udine*.

Ed ora, sebbene di un tempo alquanto posteriore a Nerone, non voglio passar sotto silenzio la rozza pittura che mirasi vicino ad una latrina in uno de' corridoi a sinistra dell'attuale ingresso a quelle rovine, conosciute comunemente col nome di Terme di Tito o Camere Esquiline. Rappresenta essa due serpenti cristati, noto simbolo del *Genius loci*, che s'innalzano al di sopra di un tripode sorreggente un piattello di offerte, ivi posti, secondo l'usanza degli antichi, a fine d' impedire che si facessero lordure fuori del sito a ciò destinato. Il che del resto vien confermato da un' apposita e grossolana iscrizione dipinta, contenente a tale riguardo un solenne divieto con la minaccia dell'ira dei dodici Dii, e segnatamente di Giove Ottimo Massimo e di Diana, contro chiunque osasse trasgredirlo[43]. Alla quale costumanza alludono i noti versi di Persio:

Pinge duos angues, pueri, sacer est locus, extra Meiite...[44]

e ne abbiamo parecchi esempi in sulle mura di Pompei, ove la immagine de' due serpenti innalzantisi su di un' ara con sopra frutta, simboleggiando il Genio locale e consacrando per conseguenza il luogo, dovevano allontanare coloro che avessero voluto farvi sporcizie o gittarvi immondizie. In quanto alla sopra citata pittura ed annessa iscrizione, esse non possono esser messe più in là del secolo secondo, ché certamente non sono anteriori all'età di Traiano. Ond'è da tenere, secondo l'opinione del chiar. dott Huelsen, che sì l'una e sì l'altra sieno state fatte allorquando, per

---

[43] DE ROMANIS, *Le antiche camere esquiline dette comunemente delle terme di Tito*, pag. 7 e pag. 25.
Corpus Inscript. Latin. VI, parte 4, 298, 48ᵇ.
[44] *Sat.*, I, vv. 113-114.

l'edificazione delle terme di Traiano sulle antecedenti fabbriche di Nerone e di Tito, quel corridoio, rimasto quasi privo di luce, sarà stato facilmente esposto alle comodità di chiunque per di lì passava.

Dai graffiti che qua e là ricuoprono le pareti di quelle sale appare manifesto che esse rimasero sempre accessibili.

Tale adunque fu la maravigliosa Casa Aurea di Nerone, di questo istrione imperiale nel quale si spense la progenie de' Cesari.

Elegante nelle sue voluttà e ne' suoi vizi, stranamente attraente, per dir così, in mezzo alle turpitudini e crudeltà della sua vita licenziosa, adorato prima e poi bestemmiato, egli morendo lasciò Roma e l'Italia piene di sangue, di devastazioni e di violenze; e però la sua morte fu cagione di gioia agli onesti cittadini ed alla miglior parte del popolo. Il suo nome fu abraso nelle iscrizioni e le statue erettegli a' bei giorni, atterrate ed infrante. Solo alla vile plebaglia, avida di guadagni ed avvezza alle feste, ai giuochi ed agli spettacoli di ogni sorta che ad essa con inusitata munificenza largiva Nerone, dispiacque la sua fine; onde non è meraviglia che per molti e molti anni si vedesse gente coprire il suo sepolcro de' più bei fiori della primavera e della estate.

Una donna tuttavia, la liberta Atte, che fu il suo primo e giovanile amore, gli serbò un nobilissimo e costante affetto.

Mentre il popolo tumultuante percorreva le vie di Roma col berretto della libertà lieto per la caduta del tiranno, essa nei giardini di Faonte prestava con pietosa cura gli ultimi uffici al freddo corpo di Nerone, da cui tutti fuggivano inorriditi. E dopo averlo involto in un drappo bianco ricamato d'oro che egli aveva indossato il giorno delle Calende di gennaio, assistita dalle due nutrici, Ecloge ed Alessandra, lo seppelliva nel monumento dei Domizi sul

48

Colle degli Orti, l'odierna passeggiata del Pincio, entro un'arca di porfido con sopra un'ara di marmo lunense, circondata di marmo tasio. E forse nel deporre il cadavere sanguinante, Atte, che al dir di alcuni fu cristiana, avrà mormorato una preghiera al Dio della misericordia e del perdono, per l'uomo da tutti aborrito e imprecato, ma da lei teneramente amato sino alla morte.

AMORE E PSICHE

AMORE E PSICHE

Ogni più dolce cosa
Fugge l'animo stanco e in Te si posa.

Quell'insaziabile desiderio di felicità congenito alla natura nostra, tanto più difficile a conseguire quanto più elevato ne è il concetto, travagliò di continuo l'animo umano in ogni tempo e presso tutti i popoli. Ma poiché appunto la felicità quale l'uomo la vagheggia, è un fantasma luminoso i cui splendori non irradiano la terra se non per brevi e rari istanti, così ne provenne quell'indefinito sgomento e quell'arcano senso di cordoglio, massime nel considerare la sproporzione che esiste tra i sogni della mente e la realtà della vita. Per la qual cosa, molti insino dall'antichità, cercarono un amaro conforto in quella filosofia che noi oggi chiameremmo *del pessimismo*, ed imprecando contro gli Dei, la cui gelosia essi si credettero essere il solo ostacolo alla compiuta felicità terrena, decantarono la morte come l'unico bene che di tante stupende larve loro avanzasse.

Siffatto malinconico sentimento che noi ritroviamo espresso in Esiodo, in Simonide, nei cori di Sofocle e di Euripide, e negli autori latini eziandio, ebbe la sua più ampia manifestazione in quel noto verso di Menandro, il poeta comico, il compagno e l'amico d'infanzia di Epicuro, il quale esclamò che: *giovine moriva colui che al cielo è caro*. Oggidì tali desolanti teorie hanno avuto una eco nel pensiero dello

Schopenhauer e dell'Hartmann, e similmente negli scritti di Giacomo Leopardi, cui una sventurata esistenza condusse ad abbracciare sdegnosamente la deplorevole dottrina della *infinita vanità del tutto*.

Ma non perciò dovremmo noi conchiudere che tra gli antichi parimente non vi fossero animi di più eletto sentire, i quali rifuggendo dalle aspre consolazioni di una tale filosofia, non vagheggiassero il compimento della sognata felicità in una seconda vita. Il che ne viene attestato non solo da parecchi passi di autori e da molte epigrafi, che la mestizia dell'addio supremo temperano con la speranza di una futura ed eterna riunione, ma dai marmi sepolcrali altresì, le cui sculture offrono per lo più scene allusive ad una lieta esistenza di là della tomba. La rappresentanza sì spesso ripetuta di Diana ed Endimione, che è l'immagine di un dolce sonno seguito da un ridestarsi beato; quella del ratto di Proserpina, il cui mito prenunzia una vita novella dopo la morte; i *tiasi* o feste baccanali che simboleggiano i gaudî celesti; ed altre simili che io qui ometto per brevità, esprimono tutte un solo e medesimo ciclo d'idee. Ma nessuna certamente di coteste rappresentanze è, per mio avviso, più acconcia a tale scopo, che quella di Psiche abbracciata ad Erote. Questo gruppo che assai sovente ci occorre incontrare in molte antiche opere d'arte è, siccome ognuno sa, una gentile allegoria dell'anima, che, compiuta la sua terrestre peregrinazione e disciolta dai lacci mortali, si riunisce all'Amore divino, le cui gioie ineffabili essa di già godette in una vita anteriore di sovrumana beatitudine.

Prima pertanto di procedere innanzi e far parola dei differenti monumenti che ci porgono sott'occhio la storia di codesta favola, sarà bene discorrere alcun poco intorno alla sua origine, la quale, secondo Ott. Müller, deve ricercarsi nelle dottrine orfiche che fanno del corpo la prigione dell'anima. Psiche spogliata delle sue ali divine, è condannata a vivere in un corpo di argilla, ove essa nondimeno conserva la memoria della sua patria celeste verso cui tendono le sue incessanti aspirazioni. Purificata finalmente dal dolore, essa potrà solo allora tornare ad allietarsi nell'eterna armonia e ricongiungersi a quell'Amore che fu in terra l'oggetto de' suoi desiderî. E dalle dottrine orfiche passando a quelle platoniche, noi vi rinveniamo una grande analogia con l'idea del mito; imperocché la teoria dell'anima alla quale la vita terrestre serve di espiazioni e mezzo per riedere alla felicità primigenia, ha raggiunto negli scritti di Platone il suo massimo svolgimento. Basterà qui rammentare le sublimi pagine del Fedro, ove in modo al tutto mirabile viene descritto il soave turbamento onde è invaso un uomo allorché incontra un essere che gli riveli, quantunque imperfettamente, la pura essenza della bellezza divina.

Colpito come da febbre esso gli si prostra dinanzi e l'adora qual Dio; per seguirlo e trascorrere con lui la vita, lascia patria, parenti, amici; insino a che morti entrambi, le anime di questi due fedeli amanti ricevono insieme il premio del loro ardente affetto in una unione sempiterna e beata. Né meno maravigliose ci appaiono le pagine del Simposio, nelle quali tutta si svolge la teoria di quell'amore nobilissimo che addestrando l'anima a volare in sulle ali delle *angeliche farfalle*, la solleva e la rende atta a compiere azioni magnanime ed opere immortali. L'amore adunque, che nel conseguimento del bene tanto nell'ordine dello spirito quanto in quello della natura, vi congiunge l'idea della immortalità[45], è nel mito di cui trattiamo la più alta manifestazione del sentimento religioso. Di maniera che non recherà maraviglia, che il grazioso gruppo di Amore e Psiche stretti nell'amplesso

---

[45] Ferri, *La Dottrina dell'amore secondo Platone.*

divino abbia assunto un significato funebre, e veggasi per conseguenza frequentemente riprodotto su di un buon numero di sarcofagi, appartenenti per la maggior parte, siccome generalmente tutte le urne sepolcrali, al terzo e quarto secolo dell'èra cristiana. Non ci è dato tuttavia conoscere con precisione qual posto abbia tenuto siffatto mito nelle opinioni religiose della Grecia, venendoci meno qualunque testimonianza in proposito. Ciò che peraltro si può asserire mediante l'aiuto dei marmi figurati, è che il mito ebbe in Grecia una diversa allusione, non apparendo mai Psiche su di nessun funebre monumento di puro stile ellenico[46]. Laddove presso i romani, tale allegoria raggiunse un senso elevatissimo e racchiuse in sè tutto un ciclo di preziose credenze sopra la vita avvenire ed il destino dell'anima dopo la morte. La credenza nella immortalità, i romani la concepirono anche prima che fossero loro note le dottrine di Pitagora e di Platone; e Cicerone afferma che per quanto si voglia tornare indietro nella storia di Roma, se ne trovano in ogni dove le prove[47]. I misteri similmente che con segreta e religiosa pompa si celebravano negli spelèi e templi pagani, porgendo agli occhi degli iniziati scene che avevano per oggetto di simboleggiare i gaudî di una esistenza futura, affrancavano gli animi dal terrore dell'ignoto, e promettevano la felicità negli Elisi insieme con gli Dei; donde provenne ai morti l'epiteto di *beati*, μάκαρες. Del resto, secondo alcuni, la stessa favola di Amore e Psiche avrebbe avuto origine dagli antichi misteri, e per avventura da quelli appunto che in onore di Erote solevansi compiere in Beozia; il che da altri nondimeno è messo in dubbio. Ma comunque sia, certo si è che tale mito divenuto allegoria della

---

[46] Collignon, *Essai sur les mon. grecs et rom. rél. au mythe de Psyché*, p. 79.
[47] *Tuscul.*, 1, 12.

felicità di oltre tomba, si elevò all'altezza di un domma filosofico, fondato sulla idea dell'anima quale la concepiva Platone. Esso ispirò e la Musa di Meleagro, poeta greco che fiorì un secolo circa innanzi Cristo, e l'arte antica in molte e svariate sue opere.

Talvolta è la sola Psiche non accompagnata da amore che ne comparisce dinanzi; quando immersa in un placido sonno, per significare il riposo della tomba; quando in compagnia di piccoli genî e mischiata al *tiaso* bacchico. Tale altra la incontriamo navigante entro di una barchetta, per alludere al viaggio dell'anima alle Isole Fortunate, le quali, come ognun sa, erano gli Elisi dei pagani. Né, a così fatto proposito, posso passare sotto silenzio la singolare rappresentanza di un antico sarcofago illustrato dal ch. Professore C.L. Visconti[48], ove in mezzo a un gruppo di Tritoni e Nereidi, veggiamo una di queste tenere amorevolmente abbracciato un bambino, che, secondo il dotto illustratore, figurerebbe appunto l'anima del defunto trasportata alle Isole Fortunate. Sovente Psiche viene effigiata sotto la forma di una farfalla, noto suo emblema, e tormentata dall'amore che la brucia con la sua face. Il nome infatti di *anima* in latino e di *psiche* in greco, servì a denotare quella particolare specie di farfalla che vola intorno al lume e che perisce nella fiamma che l'attira e la incende. Bellissima allegoria, in vero, dell'amore nobile e disinteressato, che spinge chi lo prova al muto ed intero sacrificio di sè medesimo.

Né ci difettano altresì monumenti in cui trovasi ritratta la sola misteriosa farfalla, o in attitudine di volare presso di uno scheletro, oppure leggermente posata sopra di un teschio. Mediante la quale rappresentanza si è voluto senza fallo

---

[48] *Bull. Arch. Com.* 1873, p. 199 e seg.

significare, come l'anima disciolta dal suo mortale involucro, si disponga a tornare alla patria celeste donde discese, essendo noi vermi

Nati a formar l'angelica farfalla.

Nella stessa guisa su di alcuni marmi che figurano la creazione dell'uomo, Minerva infonde la vita alla creatura di argilla modellata da Prometeo col posarle appunto sul capo la simbolica farfalla. Su di altri invece che ritraggono la fine dell'uomo, Mercurio *psicopompo* conduce per mano l'anima, che in sembianza di alata fanciulla si allontana mestamente dal corpo che poco prima informava.

Ora pertanto converrà dare qualche breve cenno intorno ai principali monumenti che il punto più importante del mito ne rappresentano, cioè la finale e beata riunione di Amore e Psiche. Uno de' più antichi che si conosca è certamente uno specchio etrusco che si conserva nel Museo di Perugia[49], non posteriore al secondo secolo innanzi Cristo, sul quale i due divini amanti ci compariscono abbracciati come nel gruppo Capitolino. Prova manifesta della esistenza del mito molto prima non solo del tempo degli Antonini, ma di Augusto eziandio, atteso che alla età degli Antonini debbonsi riferire il più gran numero dei sarcofagi che tale grazioso soggetto ne offrono. Del resto, una terracotta di Tanagra, appartenente alla collezione del sig. Lécuyer, ne mostrerebbe che insino dal terzo secolo avanti l'èra nostra, i coroplasti di già solevano riprodurre il *symplegma* di Erote e Psiche[50]. Simili poi al gruppo Capitolino abbiamo parecchi altri marmi sparsi nelle varie collezioni di Europa, i quali tra loro non

---

[49] Connestabile, *Mon. di Perugia*, T. IV, p. 477, tav. XCVIII. 2.
[50] *Revue Arch.* 1878, II. p. 138.

diversificano se non per lievissime variazioni. Così, a modo d'esempio, in quello che si custodisce entro alle sale del Museo Torlonia in Roma, tanto l'Amore quanto Psiche sono forniti di ali, laddove nel gruppo del Campidoglio non ve n'è traccia alcuna. Per non dilungarmi soverchio, tralascerò di allegare altri confronti in proposito; solo sarà bene che io ricordi come in una piccola e assai leggiadra terracotta della classe detta *di Efeso*[51], le ali della Psiche in luogo di essere di farfalla sono simili a quelle dell'Amore, particolarità degna di essere osservata. Nulla pertanto potremmo affermare con certezza circa il tempo preciso in cui tali sculture sarebbero state condotte, non avendo noi nessuna iscrizione che venga a darcene lume; pare nondimeno assai verisimile, che tutte debbansi ripetere da un qualche buon esemplare dell'arte greco-alessandrina. Quanto alla bella allegoria dell'anima tormentata dall'Amore a fine di essere purificata, non ha dubbio che essa raggiunga ne' funebri monumenti il suo vero significato, per la manifesta relazione che ha con le idee intorno alla vita avvenire ed alle sublimi speranze dell'immortalità.

Un gruppo del Museo Borghesiano[52], che si allontana alcun poco dai precedenti di cui si è testè tenuta parola, ci offre Psiche supplice e genuflessa ai piedi di Amore, che leggermente inclinato verso di essa la contempla con tenera compiacenza. Siffatta speciale rappresentanza, salvo piccole differenze, trova il suo riscontro su di una moneta di Nicomedia[53], che battuta sotto Massimo Cesare figliuolo di

---

[51] *Revue Arch.* 1878, II. p. 137, pl. XIX. – Stephani, *Compte rendu de la Comm. arch. de Saint-Pétersbourg*, 1877, p. 160. – Froehner, *Terres-cuites d'Asie Mineure*, pl. 21, pag. 50.
[52] Visconti, *Mus. Borgh.* p. 101.
[53] Müller, *Denkm. d. alten Kunst*, I. tav. LXXII, 403.

Massimino, fa fede dell'importanza che aveva acquistato il mito nel secolo terzo. Ma sopra tutte è gentilissima quella che ci porge sott'occhio un'antica terracotta edita dal ch. professore Giulio Minervini[54], ed appartenente alla collezione di Raffaele Barone in Napoli, in cui Psiche viene espressa soavemente abbandonata con la persona su di un sedile, mentre Amore in piedi dietro di essa è in atto di baciarla. E questo gruppo, del quale non mancano altri esemplari, potrebbe per avventura aver ispirato al Canova la primitiva idea del suo bellissimo marmo relativo allo stesso soggetto, che per essere a tutti noto non occorre che io qui descriva. Dirò piuttosto di una gemma che porta il nome di Trifone[55], il cui intaglio presenta le nozze di Amore e Psiche ambidue velati sotto di una *mystica vannus*; e similmente di un funebre bassorilievo del *British Museum*, ove i due sposi sono di già adagiati sul letto coniugale. Quivi la simbolica unione dell'anima con l'amore divino si appalesa in modo assai manifesto.

E così pure su di un altro sarcofago del Museo di Arles, di una età alquanto tarda, troviamo parimente riprodotti gli sponsali di Erote e Psiche. Imeneo con una corona in mano, sta presso ad Amore, che seduto nella stanza nuziale, adorna di ghirlande e di serti fioriti, attende la sua Psiche, la quale un Genio privo di ali e portante un cestello di fiori nella sinistra, gli conduce dinanzi, compiendo in tal guisa l'ufficio di *paraninfo*. La face rovesciata su cui si appoggia Erote, non lascia dubbio alcuno intorno al funebre significato di siffatta scena[56].

---

[54] Minervini, *Mon. ant. ined. posseduti da R. Barone*, tav. II. fig. 4.
[55] Brunn, *Gesch. d. griech. Künstler*, II. p. 635. Nouv. Gal. Myth. Pl. XCVIII, 408.
[56] *Ann. Instit.* 1845, p. 222.

Per lo contrario, in un dipinto pompejano, oggi al Museo nazionale di Napoli[57], codesta rappresentanza sembra aver perduto il suo originale e più puro concetto, per avvicinarsi forse troppo a ciò che i moderni chiamano *realismo*. Imperocché nell'Amore che seduto stringe al seno l'amata Psiche mollemente distesa in sulle sue ginocchia, e verso di sè la solleva per baciarle la bocca, si rivela l'espressione di un affetto tutto terreno, anziché celeste.

Conchiuderò poi da ultimo citando di volo una bella terracotta della collezione Janzé, e proveniente dalla Magna Grecia, in cui sono figurati i busti di Erote e Psiche che dolcemente si scambiano il bacio di amore, monumento in vero singolare per la sua grande dimensione[58].

Certo si è, che fra le numerose opere d'arte che codesta favola ne' suoi diversi incidenti ci figurano, nessuna s'informa in un concetto tanto ideale quanto quella del gruppo Capitolino. Ivi un'aura di voluttà celeste sembra involgere i due felici amanti, nel cui casto amplesso nulla di terreno traluce, mentre nelle arie bellissime dei loro volti risplende il gaudio infinito di una ebbrezza immortale. Condotto con gentilissima grazia, si direbbe quasi che l'artefice che pel primo lo concepì, avesse avuto in animo di riprodurre un momento simile a quello sì bene descrittoci da Apuleio[59], quando cioè Psiche nell'incantato palazzo di Amore, stretta nelle ineffabili dolcezze di una unione divina, accosta le labbra sue a quelle dello sposo diletto, e sussurrandogli soavissime parole gli dice: *tuae Psyches dulcis anima*.

---

[57] Fiorelli, *Scavi di Pompei*, p. 125, n. 218; *Descr. Pomp.* p. 184.
[58] *Choix de terres-cuites antiques du cabinet de M.le vicomte H. de Janzé*, pl. XLIII.
[59] Lib. IV.

E giacché abbiamo toccato della favola di Psiche narrata da Apuleio, stimo opportuno darne qui un breve sunto. Essa principia a guisa di una novella di fate. C'era una volta un re ed una regina, che avevano tre figliuole. Le due maggiori d'indole perfida ed invidiosa si congiunsero in matrimonio a due uomini di età matura; la minore al contrario, bella al pari di Venere da non trovare confronto per tutta la terra, fu per comando di un oracolo condannata ad essere esposta sopra di uno scoglio e divorata da un mostro. Ma ecco che Zeffiro con la sua piacevole aura accarezzandola, la trasporta tra i fioriti cespugli di una regale dimora, mondo tutto di maraviglie, ove i fiumi s'impietosiscono, le piante parlano, ed ove in luogo del temuto mostro è l'Amore bellissimo che ama Psiche, e di notte tempo furtivamente la visita. Psiche intanto, mal consigliata dalle invidiose sorelle, che ne vogliono la perdita, cede ad una fatale curiosità, e mentre al chiarore di una lampada considera estatica le elette forme del misterioso amante, questi spiegate le ali con prestezza da lei si diparte, acerbamente rimproverandole la sua funesta colpa. Dopo di che, vengono inflitte all'imprudente Psiche lunghe e dolorose espiazioni, d'onde uscita finalmente vittoriosa, le è dato ricongiungersi in Cielo all'Amore che la beatificò in terra, e da tale celeste imeneo nasce la Voluttà.

Apuleio è l'autore più antico che faccia menzione di Psiche, e la primitiva idea può essere stata presa dai greci, sebbene nella ellenica letteratura non se ne trovino tracce[60]. Solo da Fulgenzio impariamo, come uno scrittore ateniese, da taluni tenuto per anteriore ad Apuleio, avesse di già descritta la stessa favola, i cui principali caratteri si ritrovano nei miti popolari indogermanici. Di maniera che, Apuleio non gli avrebbe se non ricavati da qualche racconto romano,

---

[60] Collignon, *Essai sur les mon. grecs et rom. rél. au mythe de Psyché*, p. 66 seg.

o per avventura greco. Esistono infatti tra le novelle popolari delle varie nazioni molte analogie, che testificano chiaramente una comune origine. E specialmente in una indiana citata dal Benfey[61], cotali analogie sono ancora più palesi: ivi rinveniamo Psiche nella figura di una giovine donzella per nome Tulisa.

Ma tornando ora al mito, farò osservare siccome, passato di poi nei monumenti cristiani, esso perdesse il suo primitivo significato, atteso che le Psiche e gli Eroti nelle cristiane pitture non servirono ad altro che ad accessorie decorazioni. Per ciò che riguarda il gruppo di Psiche abbracciata ad Amore, nei tanti affreschi cemeteriali non una sola volta s'incontra. Nei sarcofagi se ne hanno bensì degli esempi, i quali tuttavia spettano a quelli indifferentemente preparati nelle officine scultorie e comprati quindi dai Cristiani.

Onde si può conchiudere che il gruppo di Amore e Psiche abbracciati, non sia nel novero delle composizioni volontariamente adottate e tollerate dall'arte cristiana[62]. Le Psiche vendemmianti peraltro, ovvero intese a cogliere fiori e spighe, siccome veggiamo in un dipinto del cemetero di Domitilla e su di un sarcofago lateranense[63], potrebbero avere avuto forse un senso più elevato. Tale favola poscia, caduta in dimenticanza durante il medio evo, tornò a figurare tra le conquiste intellettuali della Rinascenza, ed il genio divino di Raffaello seppe rivestirla di una nuova bellezza: sotto il suo pennello, un soffio di grazia cristiana passò sul mito pagano, rigenerandolo così ad un più santo e più puro

---

[61] Benfey, *Pantschatantra*, II, pag. 259.
[62] De Rossi, *Roma Sott.* II. p. 169-70.
[63] De Rossi, *Bull. di Arch. Crist.* 1865, p. 98.

concetto. Con molta verità e giustezza osservò il Müntz[64], come nelle stupende pitture della Farnesina si riveli una ispirazione che parrebbe quasi dantesca, massime in alcune figure. La Psiche che sale in cielo condotta da Mercurio, tanto per l'aria del volto, quanto pel soave candore dello sguardo, ricorda piuttosto una martire del cristianesimo che la inconsiderata amante di Erote.

Ad ogni modo, il mito di Psiche, sotto qualunque aspetto si riguardi, fu e sarà sempre una delle più gentili creazioni che mai uscissero dalla mente dell'uomo. In esso tutta si compendia la dottrina dell'amore quale la intendeva Platone; di quell'amore, cioè, che risvegliando nell'anima la memoria del bello increato, la nobilita e la ritorna al Cielo donde discese. Associato alla virtù ed alla scienza, cotesto amore non si arresta nel piacere ma trascorre nel bene[65], ed indirizza coloro che lo posseggono a cose grandi e magnanime. Fu appunto un affetto di tale eccelsa natura quello che sentì Dante per Beatrice, e che lo spinse a: *dire di lei quello che mai non fu detto d'alcuna*[66]; né meno eletto apparve l'amore che infiammò il cuore di Michelangelo verso la tanto celebrata marchesa di Pescara.

E l'infelice Leopardi, disperando di rinvenire giammai in terra la donna che la sua poetica fantasia gli dipingeva, la sognò nelle sfere ideali di un ignoto Eliso; ove rivestendola di celestiale incanto, a lei rivolse le più fervide aspirazioni dell'animo, lei adorò quale sua unica ed eterea ispiratrice[67].

---

[64] E. Müntz, *Raphaël, sa vie, son oeuvre, et son temps.* p. 519-30 – Cf. Rio, *L'art chrétien*, IV. P. 536-38.

[65] Veggasi Ferri, *La dottrina dell'amore secondo Platone.*

[66] *La vita nuova*, XLIII.

[67] Giacomo Leopardi, Poesie. Veggasi quella intitolata: *Alla sua donna.*
....
E ben chiaro vegg'io siccome ancora

Imperocché solo in un così fatto amore è la vera sorgente di ogni nobile e grande impresa; esso è l'eco misteriosa di armonie superiori; il raggio più bello di cui si rivesta e s'illumini la vita mortale; esso è il sublime ed eterno Arcano, che ad ogni cuore gentile farà sempre ripetere:

Ogni più dolce cosa
Fugge l'animo stanco e in Te si posa.
. . . .

Seguir loda e virtù qual ne' primi anni
L'amor tuo mi farebbe.

I FRATELLI ARVALI
E IL LORO SANTUARIO E BOSCO
SACRO SULLA VIA CAMPANA

I FRATELLI ARVALI
E IL LORO SANTUARIO E BOSCO SACRO
SULLA VIA CAMPANA

Quidquid sub terra est, in apricum proferet aetas.

Fra tutti gli antichi sacerdozi romani, uno dei più famosi ed illustri fu, senza dubbio, quello dei fratelli Arvali, la cui istituzione si faceva risalire ai primi tempi di Roma[68]. Formato in origine, secondo la tradizione, dai dodici figli di Acca Larentia nutrice di Romolo, il quale, morto uno di essi, ne prese il posto, gli Arvali rimasero sempre in numero di dodici, conservando, in memoria della favolosa origine del loro collegio, l'appellazione di «fratelli», *fratres*, che nessun altro sodalizio ebbe mai[69], e che solamente i cristiani assunsero più tardi, in un senso tuttavia affatto diverso[70]. Insegne del sacerdozio furono e la corona di spighe e le infule bianche[71]. Ma non ostante la molta rinomanza di cui

---

[68] La sua origine si perde, per così dire, nella notte dei tempi. Forse il collegio degli Arvali fu importato a Roma insieme con la institucione delle Vergini Vestali: a ogni modo esso è in relazione con Romolo, il fondatore di Roma. Marini, *Atti e monumenti degli Arvali*; Henzen, *Acta Fratrum Arvalium* e *Scavi nel sacro bosco dei frat. Arvali*; Mommsen, *Ueber die römischen Ackerbrüder* nel «Grenzboten» de 28 gennaio 1870; ed altri.

[69] Mommsen, *Oeuvres de Borghesi* III, p. 414, n, I; De Rossi, *Roma Sotterranea*, I, p. 108.

[70] De Rossi, 1. C. p. 105 e seg.

[71] La corona di spighe trovasi sovente menzionata negli Atti degli Arvali, e talora figurata sui monumenti.

dovette certamente godere un collegio di così grande nobiltà e lustro, assai scarse sono le notizie che ne troviamo negli scrittori, e nulla sappiamo del modo onde era ordinato al tempo della repubblica; perocché solo dall'anno quattordicesimo dell'era volgare cominciano i numerosi frammenti a noi pervenuti de' suoi Atti, mercè i quali possediamo notizie più particolareggiate e diffuse che di qualsiasi altro antico sacerdozio. La quale mancanza di documenti anteriori al tempo dell'impero, ci farebbe quasi credere ad un riordinamento del collegio avvenuto sotto di Augusto; ma che di esso anche durante la repubblica si facesse gran conto, ce lo persuadono le medaglie di Decimo Bruto e di Mussidio Longo ornate di corone di spighe; che per essere una insegna arvalica, affermano la partecipazione al collegio di personaggi illustri, per lo meno in sul finire della repubblica[72]. Già dissi che il numero degli Arvali fu sempre di dodici, e pare ormai provato contro l'opinione di alcuni, che i plebei ancora potevano esservi ascritti; il sacerdozio poi era a vita, e le elezioni annuali. Il loro capo chiamato «maestro», *magister*, veniva eletto nel secondo giorno della grande festa di maggio della quale parlerò tra breve, ed entrando in carica nel dicembre, presiedeva il collegio dai Saturnali dell'anno vertente a quelli del seguente, *ex Saturnalibus primis in Saturnalia secunda*, cioè per lo spazio di un anno, e poteva essere rieletto più di una volta. Ove per qualsivoglia causa fosse impedito di assistere ad alcune delle cerimonie o funzioni del collegio, ne faceva le veci un

---

[72] Henzen, *Scavi nel bosco sacro dei fratelli Arvali*, pag. III. Alcune figurine di uomini in bronzo col *pileus libertatis* sul capo, delle quali le più grandi non oltrepassano gli otto centimetri di altezza, ritrovate per la maggior parte nell'anno 1888, potrebbero rappresentare, secondo il chiar. Dottor Helbig, i fratelli Arvali dell'età repubblicana. Vegg. L'articolo del Lafaye, *Rev. de l'hist. des rél.* 1889, t. XX, p. 45.

«promaestro», *promagister*, scelto ad arbitrio suo; ed insieme col maestro si eleggeva pure un «flamine», che lo aiutava nel servizio del culto e che poteva essere sostituito da un «proflamine». Spesso il magisterio e talora il flaminato furono sostenuti dagli stessi imperatori, che al sodalizio degli Arvali veggiamo sempre aggregati. Erano oltre a ciò addetti al collegio quattro nobili giovanetti figliuoli di senatori, i quali dovevano essere, *patrimi et matrimi*, cioè avere ambidue i genitori viventi, e che adempievano l'ufficio di *camilli* o ministri nelle sacre cerimonie di rito. Ogni fratello finalmente aveva un assistente particolare, *calator;* e servi pubblici, del pari che in tutti gli altri collegi sacerdotali, erano destinati al servizio degli Arvali.

In quanto alla loro principale divinità, questa era la dea Dia, cui essi prestavano un culto minuziosamente regolato, non conosciuta del resto da altre testimonianze, ma che si potrebbe assimilare a Cerere, a Opi ovvero a Tellure. La sua festa, che celebravasi nel mese di maggio allorquando le spighe cominciano a maturare e il tempo della mèsse si avvicina, era di quelle dette *conceptivae*, cioè di data variabile; e quindi se ne annunciava il giorno preciso in un'adunanza tenuta a bella posta dal collegio la vigilia degli idi di gennaio, da prima forse nel Pantheon, da poi costantemente nel tempio della Concordia. La quale festa che durava tre giorni, consisteva specialmente in una complicata sequela di cerimonie e di sacrifici, di banchetti e di processioni e in un continuo e rituale mutar di abbigliamento. Il primo e il terzo giorno si solennizzava in città nella casa del maestro, o se questa non fosse stata giudicata acconcia, in quella di un altro Arvale; e alcuna volta anche, per eccezione, sul Palatino nel tempio degli imperatori divinizzati. I fratelli si riunivano nel mattino del primo giorno, vestiti della toga listata di porpora e il capo cinto della corona di spighe annodata da infule bianche, e cominciavano col versare alla dea incenso e vino. Poscia seduti su delle *cathedrae* si facevano portare dinanzi i *panes laureati*, i quali non si sa bene se fossero de' pani inghirlandati di lauro, oppure una speciale focaccia con entro raschiatura di legno di alloro, di cui troviamo in Catone la ricetta[73].

Essi toccavano cotesti pani, quasi direi in atto di benedirli, insieme con le spighe e coi frutti sì dell'anno decorso come dell'anno novello, e dopo aver unto di profumi la statua della dea si separavano. Più tardi, appresso il bagno, tornavano a riunirsi ed a sedersi sulle *cathedrae*, e alla pretesta listata di porpora sostituivano la *synthesis* o veste *cenatoria*[74]; quindi lavatesi le mani si adagiavano sui letti del triclinio, ove assistiti dai quattro giovanetti più indietro menzionati, lietamente banchettavano. La spesa del banchetto era fissata dallo Stato, che dava cento denari[75] per testa ai fratelli e venticinque[76] ad ognuno de' quattro *pueri* o giovanetti assistenti; e fra la *mensa prima* e la *mensa secunda*, vale a dire circa la metà del pranzo, le preghiere ricominciavano. Si tornava ad accendere le lampade e ad offrire alla dea incenso e vino, facevansi libazioni e i frutti novelli portati dai sopraddetti *pueri* dalla tavola all'altare e dall'altare alla tavola, erano di nuovo toccati dai fratelli, i quali poi li spedivano alle case loro per mezzo de' servi. Se crediamo a Plinio[77], solamente dopo così fatta consacrazione sarebbe stato lecito a tutti il poter gustare de' prodotti della terra. Terminato il banchetto, i fratelli si spartivano tra loro mazzi di rose e

---

[73] *De Agric*, 121.
[74] *Cenatorium album*.
[75] Equivalgono a lire 80.
[76] Pari a lire 20.
[77] *Hist. Nat.* XVIII, [2].

salutandosi vicendevolmente col *feliciter*, augurio solenne onde si chiudevano tutte le riunioni sì pubbliche e sì private dei romani, la festa aveva fine e ognuno si ritirava.

Il secondo giorno era festa nel luco o bosco sacro degli Arvali, situato al quinto o sesto miglio della via Portuense o Campana, lungo le falde della verdeggiante collina che oggi sovrasta la villa della Magliana, nel luogo detto *Affoga l'asino*[78]. E qui credo opportuno di dire, come l'etimologia di via «Campana» intorno a cui si sono proposte varie opinioni più o meno incerte, sia stata non ha guari molto sagacemente spiegata dal chiar. dottor Huelsen, con l'aiuto di un'antica epigrafe proveniente da Campo Salino. Rilevandosi da questa che lo stagno di ponente al porto Claudio-Traiano, ove erano le antiche saline, chiamavasi *Campus salinarum*, egli ne ha inferito che la via, la quale unicamente metteva a quel campo e serviva al trasporto del sale in città, prendesse il nome dal *Campus* medesimo, e fosse perciò denominata *Campana*[79]. Le cerimonie del secondo giorno che in quel luogo si compievano erano sicuramente le più importanti. Nel mezzo del bosco sacro, i cui alberi antichissimi non aveva mai toccati né l'accetta né qualsivoglia altro instrumento di ferro, s'innalzava il tempio della dea, edificio circolare sopra il quale vedesi oggidì fabbricato un rustico casolare. Al di sotto, non molto discosto dal Tevere, le cui onde placidamente scorrono in lucidi meandri per la sottostante campagna, trovavasi il *Caesareum* o *Tetrastylum* ove si adunavano gli Arvali, monumento di forma quadrata contenente nel centro

---

[78] Entro l'odierna vigna Jacobini già Ceccarelli, ove negli anni 1868-69, gli scavi fatti fare dalla imperatrice Augusta di Germania, rimisero in luce molti monumenti degli Arvali e stabilirono il luogo preciso del bosco o luco, del santuario, del Cesareo, dell'ippodromo, ecc., ecc.

[79] *Notizie degli Scavi ecc.*, gennaio 1888, p. 228-29.

una sala circondata da colonne, la quale mentre serviva ad uso di triclinio era insieme il tempio degli imperatori divinizzati, le cui marmoree statue si vedevano con bell'ordine situate tutte all'intorno: sulla collina, a breve distanza dal luco, si stendeva l'ippodromo, destinato alle corse de'carri e de'cavalli.

Insin dal mattino il maestro si riduceva al limitare del bosco a fine di effettuarvi un certo numero di sacrifici espiatori, appresso di che i fratelli facevano allegramente colezione coi resti delle vittime offerte. Ma la parte più solenne della festa aveva luogo dopo il mezzodì, allor quando i fratelli Arvali vestiti della toga pretesta e con l'insegna principale del loro sacerdozio, la rituale corona di spighe sul capo, uscivano dal *Tetrastylum* e processionalmente incedendo, preceduti dai servi che tenevan lontana la folla che si accalcava al loro passaggio, ascendevano la collina traversando il bosco sacro ed entravano nel tempio della dea. Ove immolata dal maestro la pecora grassa, *agna opima*, una delle vittime preferite dalle divinità dei campi, gli Arvali adoravano i vasi sacri, formati in terra grezza senza vernice, simili a quelli di cui la tradizione narrava che Numa si fosse servito ne'suoi sacrifici agli dèi[80], e dinanzi ad essi pregavano; cerimonia importante detta *ollas precari*[81], ma intorno a cui nulla sappiamo di positivo.

Quindi uscendo dal tempio benedicevano, come nella riunione del giorno innanzi, i frutti novelli, mentre due degli Arvali andavano a cogliere nel campo vicino alcune delle

---

[80] È ben noto il *Simpuvium Numae* che i romani adoravano come una virtù divina. L'uso de'fittili ne'sacrifici dei romani, potrebbe dirsi un rimasuglio tradizionale della semplicità de'tempi antichissimi.

[81] *Ollas precati sunt et osteis apertis per clivum iactaverunt.* Intorno a sì fatta cerimonia, non ci è lecito fare altro che congetture.

prime spighe della stagione. Le quali dopo essere passate per le mani di tutti i fratelli presenti, che a vicenda se le trasmettevano in fila l'uno all'altro, e poi di nuovo nella stessa guisa le facevano ripassare, erano consegnate ai servi. Terminata così la cerimonia, rientravano nel tempio, ove rimasti soli a porte chiuse, davano principio ad una delle loro più solenni e curiose cerimonie; voglio dire il ballo accompagnato da un antichissimo canto religioso, che essi devotamente leggevano in un libro ossia offiziuolo che ognuno teneva in mano, e il quale, come osserva il Mommsen, era ad essi altrettanto incomprensibile, quanto è oggigiorno il *Kyrie eleison* a un sagrestano[82]. Intonavano allora l'*Enos lases iuvate*, cioè il predetto e famoso carme arvalico, il più vetusto monumento rimastoci dell'antica lingua latina, la cui interpretazione ha dato origine a molte dotte ricerche ed a molteplici controversie. Gli Arvali con le vesti alquanto sollevate, lo cantavano ripetendo esattamente le parole consagrate dal rito, le quali alternavano con gesti e movimenti ritmici, secondo l'antico uso romano. Vi erano da prima invocati i lari, *lases*, numi protettori della famiglia e del domestico focolare cui ogni anno si offrivano le primizie dei frutti, da poi Marte dio tutelare di Roma e delle armi romane, difenditore contro dei flagelli che potevano sopravvenire alle campagne.

Cessato il ballo e il canto, i servi rientrando nel tempio distribuivano ai fratelli corone di fiori per inghirlandarne le statue degli iddii: poscia gli Arvali partendosi dal bosco sacro si conducevano nel *Tetrastylum*. Quivi sostituendo la *synthesis* o veste *cenatoria* alla pretesta, sedevano a un lauto banchetto che era loro con gran pompa imbandito, finito il quale,

---

[82] *Ueber die römischen Ackerbrüder.* Già prima di Cicerone e di Orazio non s'intendeva più il canto degli Arvali.

mutando nuovamente gli abiti e mettendo sul capo una ghirlanda di rose e larghe pianelle ai piedi, muovevano verso il vicino ippodromo per assistere alle corse di carri e di cavalli, e premiare i fortunati vincitori. La laboriosa giornata si chiudeva con una cena in casa del maestro.

Della festa del terzo giorno non accade far qui speciale menzione, non diversificando essa pressoché in nulla da quella del primo. Si cenava in casa del maestro, si accendevano candele e lampade, e si dispensavano dolci, ghirlande e doni.

Oltre poi a coteste grandi feste del mese di maggio tutte a loro proprie, altre ancora ne avevano gli Arvali di minore importanza e comuni a tutti i grandi collegi sacerdotali, quali erano, per esempio, e le *Decennalia*, feste celebrate con giuochi solenni dagli imperatori ogni dieci anni del loro regno, e gli annui voti del 3 gennaio, *concepito votorum*, concepiti e sciolti per la salute, il ritorno e le vittorie dei principi, i sacrifici nei giorni natalizi di questi e dei personaggi della casa imperiale, segnatamente numerosi sotto gli imperatori della gente Giulia, che richiedeva un culto particolare pel divo Augusto e gli altri principi divinizzati; le quali feste tutte avevano d'ordinario effetto in Campidoglio. Solevano di più gli Arvali sacrificare due pecore alle ignote divinità del luogo in cui si radunavano, e però non è meraviglia che fra le reliquie rimesse in luce dalle escavazioni fatte nell'antico luco degli Arvali al quinto miglio della via Portuense, siasi pur trovata un'ara rotonda ornata di encarpi e bucrani, con l'immagine scolpita del serpe nume tutelare o *genius loci*, ed una iscrizione che la dice sacra, *sia al dio sia alla dea*, sotto la cui tutela è posto tanto il luogo quanto il bosco circostante[83]. Al qual proposito è bene avvertire ed avere a mente, che i sacerdoti romani per un superstizioso riguardo si astenevano sempre di profferire nelle preci pubbliche il nome ed il sesso di alcune poco note divinità, e massimamente dei geni locali, e questo o per non viziare la cerimonia con una falsa invocazione facendone consapevole tutto il popolo, oppure per impedire che i nemici ne risapessero il nome ed in caso di guerra o di assedio a sè gli avocassero per via di riti; dalla cui strana superstizione trassero origine le formole, *si deus si dea, sive mas sive femina*, che in simili casi si solevano adoperare. Un esempio ne abbiamo al Palatino sull'ara, di stile al tutto arcaico, di Sestio Calvino, dedicata forse a qualche genio topico di quella parte del monte e la cui epigrafe dice: *sei deo sei deivae sacrum*[84].

Ma tornando agli Arvali, il loro vero santuario era il tempio della dea Dia, situato nel mezzo del luco o bosco sacro insieme con gli altri edifici del culto più indietro accennati, e dove con grande magnificenza si celebrava la parte più solenne della grande festa di maggio.

Alle mura di cotesti edifici poi si affigevano gli Atti del collegio, in cui erano minutamente registrati non che i giorni festivi e le cerimonie del sodalizio, ma altresì i più grandi avvenimenti della storia dei mondo, perocché tutto si eternava su di queste tavole; e ogni cosa dava luogo a sacre cerimonie e a rendimenti di grazie. Cominciano gli Atti, quelli almeno fino a noi pervenuti, con Augusto e terminano coi Gordiani, abbracciando in così fatta guisa un intervallo incirca di due secoli e mezzo; di maniera che si può dire che

---

[83] *Sive deo dive deae in cuius tutela hic lucus locusve est.* Così il Genio di Roma ebbe in Campidoglio consacrato uno scudo, sul quale stava scritto: *Genio urbis Romae sive mas sive femina.*

[84] Questa superstiziosa usanza non era ignota ai greci.

cotesti Atti, dopo i Fasti Consolari e Trionfali, sieno la più ricca fonte epigrafica di notizie storiche di ogni specie che noi possediamo. Non sembra pertanto che fossero incisi tutti in sulle pareti del tempio e degli altri edifici: il trovar noi alcune delle tavole opistografe, vale a dire scritte da ambedue le facce, c'induce a credere che per mancanza di spazio queste dovettero essere a volte collocate e nelle spalliere de'sedili fuori del tempio e nelle essedre e in sui balaustri che adornavano le diverse parti del bosco. Dispersi cotesti preziosi marmi dopo la soppressione del collegio, essi tornarono fuori da diversissimi luoghi. Così se ne rinvennero nelle fondamenta della sacrestia di s. Pietro in Vaticano, nelle catacombe di s. Agnese in sulla via Nomentana ed in quelle di s. Callisto sull'Appia, nel Ghetto, sull'Esquilino; e buon numero ne rimisero in luce le escavazioni intraprese nel luogo stesso dell'antico luco arvalico, al quinto miglio della via Portuense[85]. Egli è poi di speciale importanza l'indole affatto arcaica delle cerimonie degli Arvali, e prescindendo dal famoso carme che cantavano durante il solenne ballo eseguito nel secondo giorno della festa, è pure indizio di alta antichità il divieto di portare instrumenti di ferro nel bosco sacro, salvo che ciò fosse necessario o per la caduta di qualche albero ovvero per l'annuale incisione degli Atti, il che tuttavia si doveva subito dopo espiare mediante appositi sacrifici piaculari. Del resto sappiamo esser pressoché generale la proibizione del ferro nelle antiche cerimonie e cose sacre, e di ciò abbiamo parecchie testimonianze.

Nell'antichissimo sepolcreto fossile di Alba Longa ricoperto dall'eruzione del vulcano laziale, nessuna traccia di ferro si è rinvenuta, ma solo di ambra e di bronzo. In simil modo un'assoluta mancanza di ferro si è verificata nelle

---

[85] Entro la vigna Jacobini già Ceccarelli, negli anni 1868-69.

tombe arcaiche ritrovate dentro del recinto di Servio Tullio, e perciò anteriori al recinto stesso. Poiché i primitivi riti religiosi dei romani abborrivano dall'uso del ferro, riguardato come una innovazione profana che non doveva piacere agli dèi: ed è noto a tutti il verso di Lucrezio:

Et prior aeris erat quam ferri cognitus usus.

Così anche nel fondare una città, i limiti ne erano religiosamente determinati da un vomero di bronzo, *aeneo vomere*; ed al *flamen Dialis*, uno de'principali sacerdoti di Roma di antichissima institutione, era assolutamente vietato di radersi o tagliarsi i capelli con rasoio o forbici di ferro; egli doveva invece servirsi a tale uopo di uno speciale instrumento di bronzo: *aeneis cultris tondebatur*. Ricorderò da ultimo, che il ponte Sublicio, il più antico ponte di Roma, era stato costruito dal re Anco Marzio senza che vi si fosse adoperato il ferro, né similmente nessun chiodo poteva avere di ferro; il quale uso per religiosa tradizione si osservò sempre nei susseguenti ristauri fatti a quel sacro ponte, e si mantenne insino alla totale caduta dell'impero romano. Ora pertanto torniamo in via.

Dissi più sopra, che il sacerdozio degli Arvali era a vita e il suo carattere indelebile, e che i plebei parimente sembra che potessero essere ascritti al collegio, cui sempre furono annumerati non solo i più illustri e cospicui personaggi, ma gli stessi imperatori eziandio, i quali non isdegnavano di assistere alle riunioni, e nelle feste di rito ballare e cantare in compagnia degli Arvali[86]. Alla morte di uno di essi il collegio

---

[86] Un busto di Augusto del museo Vaticano, ce lo rappresenta da fratello Arvale coronato di spighe. E così pure sotto le stesse sembianze

eleggeva un successore mediante una votazione orale, cui partecipavano i fratelli assenti mandando il loro suffragio in iscritto, *per tabellas*, e l'elezione terminava, secondo il consueto, con un banchetto. Sappiamo inoltre che agli Arvali erano assegnati posti distinti all'anfiteatro Flavio; anzi è provato che ciascun Arvale vi aveva un gradino proprio, né è inverisimile che dello stesso privilegio godessero anche al teatro[87]. Il non trovar poi di loro nessuna menzione durante il tempo repubblicano, può in parte spiegarsi con la ragione che essi furono per avventura confusi coi sacerdoti Salii, i quali grande affinità ebbero con gli Arvali. Ovvero, e più probabilmente, perché il loro culto abbandonato in sul finire della repubblica non venne ripristinato se non da Augusto, quando lo stabilimento della monarchia portando seco la rinnovazione dei vecchi culti, gli antichi e venerati collegi sacerdotali caduti nell'oblìo ricomparvero e si ricostituirono con novello vigore. Onde Augusto rialzando i distrutti templi ed edificandone de'nuovi in grandissimo numero, meritò che Livio lo qualificasse del titolo di *templorum omnium conditorem ac restitutorem*.

In quanto al collegio degli Arvali esso perdurò sino al regno dei Gordiani, dovendosi appunto a quel tempo riferire la più recente delle loro iscrizioni, il che pertanto non ci autorizza a conchiudere che la sua esistenza non si prolungasse forse più oltre, né si potrebbe con sicurezza asserire che il sacrificio alla dea Dia nel bosco sacro, *sacrificium deae Diae in luco*, non fosse tollerato anche dopo la legge di Costanzo e Costante che permetteva la

---

ne abbiamo uno di Antonino Pio nel museo del Louvre, ed un altro di Marc'Aurelio nel museo Britannico.
[87] Vegg. *Iscrizioni esistenti sui sedili de'teatri ed anfiteatri antichi*, negli «Annali dell'Istituto» 1856, p. 52-74; e 1859, p. 122 e segg.

conservazione dei templi situati fuori della città[88]; legge che veggiamo rispettata non ostante i posteriori editti di Arcadio e di Onorio, ne'quali si voleva ad ogni patto la distruzione dei templi pagani sparsi nelle campagne.

Tuttavia essendo Minucio Felice, contemporaneo pur dei Gordiani, l'ultimo scrittore che accenni al collegio degli Arvali, dopo di che cessa ogni memoria di esso, cosi è da tenere che circa quel tempo il collegio fosse incorporato con qualche altro sodalizio; probabilmente con quello dei Salii, il quale, siccome già significai, grande simiglianza aveva con l'arvalico[89]. La legge di Costante testè allegata, avrà certamente protetto anche il tempio della dea Dia, tanto più che essa diceva che quantunque fosse proposito del principe di distruggere la superstizione, si voleva nondimeno che i templi fuori delle mura rimanessero intatti e preservati da qualsiasi degradazione, e questo soprattutto perché avendo avuto da molti di essi origine giuochi circensi e pubbliche solennità, non abbisognava distruggere ciò che forniva al popolo romano sollazzo e piacere[90]. E la festa della dea Dia, secondo che abbiamo veduto, dava occasione a corse di carri e di cavalli; onde è lecito conchiudere che per la sopraddetta legge di Costante e degli altri cristiani imperatori, il tempio e gli edifici degli Arvali saranno stati conservati a pubblico ornamento. Non così del bosco sacro, il quale dovette senza fallo essere tagliato e confiscato ad oggetto di abolire la pagana superstizione; comunque si sia, è certo che prima anche della vittoria del cristianesimo il culto degli Arvali era in decadimento. Il terreno del *lucus deae Diae*, tanto di frequente ricordato nei marmi dei fratelli Arvali, nel quale

---

[88] *Cod. Theod.* 16, 10, 3.
[89] De Rossi, *Bull. di Arch. Cristiana*, 1869, pag. 14.
[90] *Cod. Theod.* XVI, 10, 3.

essi ebbero sede principale e dove più volte all'anno si riunivano per celebrarvi le sacre funzioni e le grandi feste del collegio e segnatamente le Ambarvalia, spogliato dell'antica venerazione e ridotto a coltura, fu da Graziano o da alcuno de'suoi successori donato alla Chiesa[91], e le epigrafi dentro di esso collocate, cadute e disperse, vennero adoperate ad altri usi. Sembra poi che ladri e malviventi infestassero l'abbandonata e deserta contrada, perocché un antico epitaffio, ivi trovato, ci dice che un certo maestro, per nome Giulio Timoteo, con sette suoi garzoni assalito in quei dintorni da una masnada di ladroni, fu barbaramente ucciso[92]. Ma quantunque cessato e decaduto dall'antico splendore il collegio dei dodici Arvali, non per questo ebbero fine e le lustrazioni dei campi e gli annuali sacrifici pel buon esito delle mèssi, dei quali ultimi per inveterata superstizione erano tenaci osservatori e gli agricoltori e i campagnoli. Che anzi certo apparisce come il rito delle Ambarvalia[93], non gran fatto dissimile dalle feste del mese di maggio ed esteso per tutta l'Italia, fosse uno de' più difficili a diradicare quando le leggi de'principi cristiani vietarono i sacrifici idolatrici. Né qui si dee dimenticare, che quel luogo chiamato *Festi* tra il quinto e il sesto miglio da Roma ricordato in un ben noto passo di Strabone, il quale fu il limite primitivo del territorio romano ed in cui, del pari che in altri luoghi degli antichi confini del predetto territorio, si faceva il sacrificio appellato *Ambarvia, Ambarvalia,* è oggi riconosciuto esser quello medesimo occupato dal santuario e dal luco dei fratelli Arvali[94].

---

[91] De Rossi, *Roma Sotterranea,* III, 699.
[92] Ibid. p. 615, 689.
[93] Una specie delle nostre Rogazioni.
[94] De Rossi, *Roma Sotterranea,* III, p. 680-91.

Contemporaneo alla persecuzione di Diocleziano e di molto interesse per lo studio delle antichità cristiane, è il piccolo e rustico cemetero di Generosa tuttora esistente e situato nella prossimità del bosco sacro degli Arvali, entro il quale furono sepolti i martiri Simplicio e Faustino con la sorella Beatrice[95], e la cui storia, sopra modo affettuosa e commovente, merita che io qui sommariamente accenni.

Si legge adunque negli Atti dei martiri Simplicio e Faustino, come cotesti due giovani involti nella persecuzione di Diocleziano fossero gittati entrambi nel Tevere dal ponte Lapideo[96], l'odierno ponte Rotto, e come altresì la loro sorella Beatrice e i preti Crispo e Giovanni, ansiosi di riprendere e dare sepoltura ai corpi, li seguissero dalla riva per lungo tratto, finché appagato l'affettuoso desiderio al quinto miglio da Roma, Beatrice potè deporre i corpi degli amati fratelli entro l'arenaria di una pia matrona per nome Generosa, presso l'abbandonato bosco degli Arvali, nel luogo detto *ad Sextum Philippi*[97]. Martirizzata poscia la stessa Beatrice, la matrona Lucina le diè pietosa sepoltura accanto ai fratelli, ove l'ebbero pure i preti Crispo e Giovanni, e così a poco a poco sulle venerate reliquie di ben cinque martiri si estese il piccolo cemetero cristiano, nel quale si continuò a seppellire per un certo spazio di tempo, e nella cui prossimità papa Damaso edificò più tardi la basilichetta di cui rimangono oggidì ancora notevoli rovine.

---

[95] Ibid. III, p. 690-91.

[96] *Per pontem qui lapideus dicitur.* Vegg. De Rossi, Bull. di Archeologia Cristiana, 1869, p. 11; e Jordan, *Topographie der Stadt Rom in Alterthum*, I, p. 411, 420.

[97] La denominazione di *Sextum Philippi* o *Sextus Philippi* applicavasi a tutta la vallata che si dirige verso il mare fra l'ultimo giogo del Monte Verde, nel quale è scavato il cemetero, e la fila di colline che costeggia il Tevere.

Ed ora avanti di prendere comiato dai fratelli Arvali, voglio ricordare che sotto il ridente cielo dell'Umbria, presso la città di Gubbio succeduta all'antica *Iguvium* noi rinveniamo un sodalizio affatto simile al loro, quello cioè dei fratelli Attidii, sacerdoti umbri, i cui Atti conservatici dalle famose Tavole Eugubine[98], offrono una perfetta simiglianza con le iscrizioni arvaliche. Ove queste si confrontino con le predette Tavole di Gubbio, non si può fare a meno di scorgere, non ostante la triplice differenza della lingua, del tempo e della relativa importanza delle due città, le più singolari corrispondenze, atteso che v'incontriamo il medesimo culto di divinità campestri, le medesime cerimonie e preghiere prolisse, la medesima appellazione di «fratelli», come pure le stesse cariche. Erano essi ancora costituiti in numero di dodici e il loro capo o preside, corrispondente al maestro, *magister*, degli Arvali, chiamavasi nella loro lingua umbra *adfertur*. Non soggiornavano abitualmente presso il tempio, ma vi si riunivano in certi giorni stabiliti ad oggetto di adempiere alle loro cerimonie, banchettare insieme e conferire intorno alla condotta ed all'amministrazione dell'*adfertur* o preside, nella stessa guisa che solevano fare gli Arvali. Il culto che professavano non era rivolto ad una sola e speciale divinità, ma sì bene, secondo che c'insegnano i loro Atti, a tutta una serie di numi, e consisteva principalmente in processioni, sacrifici, purificazioni e lustrazioni in differenti luoghi, sia della campagna sia della città. Di maniera che cotesti fratelli Attidii ci compariscono

---

[98] Trovate a Gubbio l'anno 1444. Sono in bronzo e in numero di sette, e si conservano nel palazzo municipale di Gubbio. Cinque sono scritte in caratteri latini ma in lingua umbra, e tutte poi debbono tenersi per anteriori al settimo secolo di Roma. Veggasi Aufrecht und Kirchhoff, *Die Umbrischen Sprachdenkmaeler*; E. Huschkte, *Die Iguvischen Tafeln*; M. Bréal, *Les Tables Eugubines*; ed altri.

sotto molti rispetti, quasi, per dir così, i fratelli Arvali di Gubbio, e non per altra ragione ho stimato opportuno far qui di loro un breve cenno.

Oggi, chiunque si rechi a visitare l'antico santuario e il bosco sacro dei fratelli Arvali al quinto miglio della via Portuense lungo le rive del Tevere, invano ricercherebbe e i secolari alberi che il ferro non poteva toccare, e il tempio e i venerati edifici dedicati al culto. Le rovine tuttora visibili intorno a cui liberamente crescono e siepi di rose silvestri e pampinose viti, non possono dare se non un'idea ben piccola della importanza che ebbe altra volta quel luogo, massime nel tempo della Roma imperiale. Una vigna si stende sul terreno anticamente sacro alla frugifera dea, alle sue feste ed alle sue cerimonie; ed invece delle gioiose grida del circo, del geniale clamore de'ripetuti banchetti, delle preci, dei tripudi e dell'arcaico e solenne canto degli Arvali, risuona soltanto per la deserta campagna, la monotona cantilena del contadino e il lontano muggir degli armenti.

I VIGILI DELL'ANTICA ROMA

I VIGILI DELL'ANTICA ROMA

È cosa ben nota come l'antica Roma andasse soggetta a frequenti incendi, i quali spesso ne distruggevano interi quartieri, mentre la strettezza e la tortuosità delle strade e de' vicoli e le case di legno ne aumentavano continuamente i pericoli. Ond'è che insino dai primi tempi della Repubblica si cercò di provvedervi mediante l'istituzione de' triumviri notturni, i cui uffici ed incarichi si crede passassero dipoi ai triumviri capitali.

A ogni modo è indubitato, che già insin d'allora eravi un collegio di servi pubblici che aveva le sue stazioni alle porte della città ed in vari punti delle mura, oltrediché non mancavano altri collegi composti di privati, i quali o per salario o spontaneamente accorrevano a prestar l'opera loro in caso d'incendio. Ma poiché sì fatte istituzioni non solo riuscivano insufficienti ai bisogni di Roma, ma porgevano altresì un facile mezzo agli ambiziosi di acquistarsi il favore del popolo col formare tali corpi di pompieri a beneficio del pubblico, così Augusto stimò opportuno di disporre in diversi luoghi della città una guardia di liberti pronti ad accorrere per estinguere il fuoco, ai quali impose nome di vigili *a vigilando*. E però coloro che dicono essere stato Cesare il primo ad istituire quella milizia urbana allorché egli prese nuovi provvedimenti per la sicurezza pubblica in Roma, errano al pari degli altri i quali, appoggiandosi ad un passo male interpretato di Giovenale, vogliono farne risalire le origini all'assedio del Campidoglio, al tempo dei Galli.

Imperocché ad Augusto e non ad altri, è d'uopo rapportare la prima e stabile creazione dei vigili. Considerando egli quanto sovente Roma soggiacesse agl'incendi e volendo efficacemente porvi riparo, pensò di levare fra le genti libertine un corpo composto di sette coorti, il cui supremo comando affidò ad un cavaliere romano, che chiamò prefetto. Ogni coorte constava di mille uomini incirca, ed era divisa in sette centurie, rette da tribuni e da centurioni. Aveva oltracciò un certo numero di soldati a cavallo.

Riconosciuti poscia i grandi vantaggi di questa milizia deputata da principio ad un servigio provvisorio, egli la rese stabile e ne ampliò le incombenze e le cariche dandole anche la cura di difendere la capitale dai disordini e dai ladroneggi, e perciò divenne ad un tempo, per dir così, una vera guardia di polizia de' giorni nostri.

Militarmente organizzato, il corpo dei vigili era riguardato quasi come una porzione dell'esercito permanente; del resto intorno al suo ordinamento gran luce arrecarono, tanto le due iscrizioni scoperte sul Celio, delle quali parlerassi a suo luogo, contenenti il ruolo di una delle coorti, quanto l'aver potuto con una certa precisione determinare il posto delle sue stazioni.

Queste coorti erano situate nei luoghi più opportuni della città, in modo che ciascuna potesse tutelare due delle quattordici regioni in cui lo stesso Augusto aveva distribuito Roma. Le quali coorti, stanziate in sette caserme o stazioni, avevano inoltre quattordici *excubitoria* o corpi di guardia, collocati probabilmente nel centro di ogni regione, a fine di vie meglio guarentire la capitale dal fuoco e più facilmente provvedere alla pubblica sicurezza. Perocché, come si è detto dianzi, ai vigili spettava pur l'obbligo di mantenere l'ordine e la tranquillità, e però essi dovevano percorrere di notte tempo le vie di Roma in abito militare, con armi e picconi. Si legge di fatti in Petronio, come nella casa di Trimalcione, mentre questi gozzovigliava e gavazzava co' suoi commensali facendo gran baccano, i vigili della vicina regione accorressero frettolosi, con acqua e con asce, ed atterrassero la porta, credendo si trattasse di un incendio.

Il comandante dei vigili, che prefetto titolavasi, fu insin da principio scelto nell'ordine equestre; anzi è da avvertire che sì fatto comando era uno de' primi gradi cui potesse aspirare un cavaliere romano. Il che si continuò a fare per lungo spazio di tempo, osservandosi come il titolo di *vir perfectissimus* che gli era proprio, non fosse cambiato nel senatorio *clarissimus* se non nel quarto secolo, ai giorni, cioè, di Costantino. Più tardi i prefetti dei vigili ebbero pure la *spectabilitas*, titolo onorifico che sotto gl'imperatori si dava ai magistrati ed agli ufficiali di secondo ordine.

Né è dubbio alcuno che il prefetto dei vigili non fosse, in un certo rispetto, il secondo degli ufficiali comandanti nella città, il che gli dava il diritto di potere esercitare una carica militare ed insieme politica, secondo le occorrenze.

Onde non è da stupire che nel conflitto tra Claudio II e Tetrico, il prefetto dei vigili venisse investito di un comando straordinario nel Narbonese. Nota poi è la storia narrata da Dione Cassio di Grecinio Lacone prefetto dei vigili, il quale, dopo che Tiberio ebbe scoperta la congiura di Seiano e presi gli opportuni accordi col comandante de' pretoriani, fu da quell'imperatore mandato a circondare con le sue guardie il tempio di Apollo Palatino, ove quel giorno era indetto il Senato, con l'ordine di tradurre in prigione Seiano come questi vi si fosse recato. Intervenutovi di fatti costui, Lacone con energia e ad un tempo scaltrezza, s'impadronì di quell'ambizioso e potente ministro, il quale incatenato, tratto in prigione e miseramente ucciso, fu dopo tre giorni gittato alle Gemonie ed al Tevere. Di che soprammodo soddisfatto Tiberio, accordò qual degna ricompensa al prefetto Lacone gli ornamenti questorî.

Poscia, allorquando Claudio di ritorno a Roma dalla Britannia ebbe conseguito il trionfo per le vittorie riportate in quell'isola e volle in tale occasione gratificare molti personaggi consolari e senatori concedendo loro i distintivi trionfali, a Grecinio Lacone, che da prefetto de' vigili era passato a procuratore imperiale nella Gallia, conferì insieme con sì fatti onori, anche le insegne consolari.

Il prefetto dei vigili esercitava pure una giurisdizione sua propria, giudicando gl'incendiari, i rapitori, i ladri ed altri malfattori, purché il reato non fosse di tal natura da doversi rimettere al prefetto della città, dal quale il comandante de' vigili dipendeva. Puniva altresì coloro che nelle proprie case con poca accuratezza custodivano il fuoco, ed aveva l'obbligo di rintracciare i servi fuggitivi e restituirli ai rispettivi padroni.

Giudicava finalmente, in certi limiti, le vertenze relative ai diritti di proprietà: il che ci spiega perché in una lite insorta tra un collegio di lavandai ed il fisco, a proposito di una fontana di pubblica proprietà di cui quelli abusivamente si servivano, furono per l'appunto tre prefetti dei vigili degli anni 226-244, che successivamente giudicarono e risolvettero la questione.

Il prefetto dei vigili era aiutato nel suo ufficio da un vicario da lui dipendente che sottoprefetto denominavasi, oltrediché aveva un buon numero di attuari, scrivani, ministri ed anche di bassi ufficiali, come a dire *siphonarii, aquarii, quaestionarii, horrearii, carcerarii,* ed altri ed altri. Dei quali pertanto, non che delle incombenze a loro affidate, per amor di brevità non terrò qui proposito. Farò solo qualche parola de' *sebaciarii*, intorno ai quali si è molto discusso ed il cui incarico pare fosse quello di provvedere alla illuminazione.

Ricorderò anzitutto che, tanto *sebaciarius* quanto *sebaciaria*, erano due voci a noi assolutamente ignote avanti che le iscrizioni graffite sulle pareti dell'escubitorio o corpo di guardia della settima coorte, scoperto l'anno 1866 a Monte di Fiore presso San Crisogono in Trastevere, non ce ne avessero rivelato l'esistenza[99].

A prima giunta si pensò che coteste *sebaciaria* altro non fossero che luminarie fatte dai vigili, con candele di sego, per celebrare solenni ricorrenze, sia pubbliche sia private. Ma poiché in quei graffiti trovasi sempre il nome di *sebaciarius* per indicare colui che aveva fatto le *sebaciaria* e che i soldati semplici notano il mese in cui ciò aveva avuto luogo, aggiungendovi il più delle volte che durante il loro servizio tutto era proceduto con ordine, così presto si riconobbe che quivi trattavasi di uno speciale e forse faticoso incarico imposto ad un milite, la qual cosa opportunamente viene a certificare uno di quei graffiti, ove appunto un vigile *sebaciarius* confessandosi stanco, implora gli sia dato un successore (*lassus sum successorem date*). Onde è chiaro che le *sebaciaria* formavano un ufficio di una certa importanza, esercitato a vicenda dai vigili per l'intervallo di un mese.

Risulta inoltre dai predetti graffiti, che al *sebaciarius* toccava di fornire non solamente tutto ciò che si apparteneva all'illuminazione, come, ad esempio, sego, lucignoli, lanterne, ecc., ecc., ma una certa quantità di olio per ungere le scarpe (*oleum ad caligas*).

Abbiamo già veduto che le pattuglie dei vigili scorrevano di notte le vie della città, e quindi in un tempo in cui l'illuminazione pubblica non era in uso, quelle pattuglie

---

[99] *Corpus Inscript. Latinarum*, VI, 2998-3091.

saranno state necessariamente fornite di torce, per avventura di sego; ed illuminato avranno pure i vigili le loro stazioni e i loro corpi di guardia.

Alle quali cose tutte avrà pensato e provveduto il *sebaciarius*, cui forse prestava aiuto un altro milite, che, secondo troviamo per la prima volta indicato in due di quei graffiti, *emitularius* era chiamato. Ma ciò che questi realmente fosse non è possibile affermare, né le varie interpretazioni cui tale nuovo vocabolo ha dato luogo, riescono pienamente a soddisfare.

Ed ora poiché tra le rovine del sopraddetto escubitorio si rinvenne una epigrafe pertinente ad un bagno privato per uomini[100], e che è cosa ben nota aver le milizie romane avuto in gran conto i provvedimenti e gli esercizi di che il corpo si mantiene sano e robusto, così sarei di avviso che il bagno, al quale quella epigrafe si riferiva, appartenesse ai vigili della settima coorte. Che se nei tempi della severa disciplina dei Romani, il bagno caldo era interdetto ai soldati, non lo stesso dovrà dirsi del bagno freddo, il quale pare invece fosse loro permesso.

Comunque sia è certo che quel divieto non fu sempre osservato; onde veggiamo Marc'Aurelio acerbamente querelarsi che tra le legioni siriache si fosse introdotto l'uso del bagno caldo; ed Alessandro Severo, in un'arringa conservataci da Lampridio, dà gran biasimo ai soldati romani perché facevano all'amore, bevevano e si bagnavano all'usanza greca.

Se adunque tanto facevano i legionari, non meno avranno fatto i vigili i quali erano una milizia tutta urbana, e perciò non parmi inverisimile il congetturare che il bagno, cui accenna la sopraddetta epigrafe, potesse essere per

---

[100] *Corpus Inscript. Latinarum*, VI, 579.

l'appunto quello dei vigili della settima coorte. La quale epigrafe è inoltre notabile perché in essa viene solennemente vietato, in nome del dio Silvano, custode del luogo, che nessuna donna scenda nel bagno degli uomini, il che tuttavia se alcuna osasse fare, incolpi sé medesima di ciò che potrebbe succederle.

Al qual proposito siami lecito ricordar di passaggio, che mentre in origine i bagni degli uomini e delle donne erano rigorosamente divisi presso i Romani, più tardi, cioè dopo che le donne negli ultimi tempi della Repubblica avevano incominciato a frequentare i bagni pubblici, molte di esse affrancandosi dall'antica severità, non rifuggivano di bagnarsi in compagnia degli uomini. Gl'imperatori tentarono di porre un freno a tale licenza, e tanto Adriano quanto Marc'Aurelio stimarono necessario prendere delle misure a tale effetto. Elagabalo all'opposto permise i bagni comuni ai due sessi, *mixta lavacra*, i quali furono poi nuovamente tolti da Alessandro Severo, alla cui età è da attribuire l'epigrafe or ora citata. Ciò nondimeno ad onta dei continui divieti degli imperatori, de' magistrati e dipoi del clero ancora, quell'abuso durò e si mantenne per lungo tempo.

Ma tanto basti di aver accennato di questo alla sfuggita, e torniamo ai vigili.

Il costoro equipaggio si componeva soprattutto di attrezzi e strumenti acconci ad estinguere il fuoco ed a portar soccorso, cioè a dire pompe, scale, pertiche, secchie, ecc. ecc., ed anche di armi e picconi.

Furono i vigili da principio arrolati tra i liberti e non già tra gl'ingenui come gli altri corpi di armata, ma da Settimio Severo in poi sembra che quest'ultimi prevalessero di numero.

In progresso di tempo vi furono ammessi anche i cittadini romani e i soldati delle province, assegnando loro uno stipendio sul pubblico erario ed allettandoli con privilegi per render loro il servigio gradito. Così veniva accordata la cittadinanza romana al Latino che prima sei e più tardi soli tre anni, aveva militato tra i vigili; i quali tuttavia, non ostante gli anzidetti privilegi, non furono mai tenuti in gran conto e il loro corpo rimase sempre l'ultimo tra le coorti stanziate nella capitale. E però nell'età dell'impero il popolo, motteggiando sopra le secchie di giunchi impeciati onde servivansi pel trasporto dell'acqua, li chiamava *sparteoli*.

I vigili dovettero probabilmente venerare con culto speciale, non solamente Vulcano dio del fuoco, ma *Stata Mater* dea invocata negl'incendi, ed alla quale erano per conseguenza innalzati parecchi sacelli lungo le vie e le piazze di Roma ed una statua nel Foro. E che i vigili onorassero le loro principali divinità con feste e con giochi, si può facilmente argomentare da alquante epigrafi[101], due delle quali, dei tempi di Caracalla, esplicitamente accennano, con preziosi particolari, a ludi scenici celebrati dai vigili per festeggiare a quanto sembra il natale di quell'imperatore[102]. E se si pone mente che il giorno delle *Volcanalia* o feste di Vulcano, facevansi giochi solenni al circo Flaminio, non sarà inverisimile congettura il credere, che a questi giochi parimente partecipassero i vigili. Né parmi inutile rammentar qui di passaggio, come il giorno delle *Volcanalia* fosse stato espressamente prescelto per l'annuale celebrazione de' sacrifici *incendiorum arcendorum causa* stabiliti dopo l'incendio Neroniano, secondo ne fa palese un'ara scoperta alcuni anni addietro presso la chiesa di S. Andrea al Quirinale. La qual festa delle *Volcanalia* perdurò insino all'anno 217 dell'èra volgare, allorquando fu abolita dall'imperatore Macrino. Se

---

[101] *Corpus Inscript. Latinarum*, VI, 31075 (3744).
[102] Ibid. VI, 1063, 1064.

non che il superstizioso terrore destato nell'universale dall'incendio dell'anfiteatro Flavio, prodotto da un fulmine il 23 di agosto, cioè il giorno stesso nel quale avrebbe dovuto aver luogo la predetta festa, ebbe per effetto che il popolo efficacemente ne domandasse e ottenesse il ristabilimento.

Rimane ora a dire la postura delle sette stazioni, ognuna delle quali, come a principio dicemmo, aveva in custodia due delle regioni di Roma. La prima adunque sorgeva nelle adiacenze dell'odierna piazza de' SS. Apostoli, ove difatti si disseppellirono molti avanzi degli edifici pertinenti a quella stazione. La seconda era sull'Esquilino; la terza probabilmente sul Viminale; la quarta sull'Aventino; la quinta sul Celio nel luogo oggi occupato dalla villa Celimontana, entro cui trovaronsi, nell'anno 1820, i due cippi ivi tuttora esistenti, sui quali è inciso tutto il ruolo di quella coorte con l'indicazione de' diversi uffici e di chi li teneva. Importantissimi per le notizie che ne forniscono intorno al corpo de' vigili, quei due latercoli furono esaminati, commentati e con molta dottrina pubblicati dal Kellermann in un'opera da ogni parte ragguardevole e che tutti possono con profitto consultare[103]. La sesta stazione guardava il Foro Romano, ma non se ne conosce il luogo preciso; la settima finalmente trovavasi nel Trastevere. E di questa ultima appunto, siccome più sopra si disse, faceva parte l'escubitorio o corpo di guardia che si venne a scoprire presso San Crisogono, l'anno 1866, e le cui pareti, ricoperte di numerose iscrizioni graffite di data certa, cioè della prima metà del secolo terzo, diedero curiose informazioni sul servigio dei vigili della Roma imperiale, e rivelarono ad un tempo nuove parole appartenenti al vocabolario speciale di quella milizia, le quali invano si cercherebbero altrove.

---

103 *Vigilum Romanorum latercula duo Coelimontana.* Romae, 1835.

Coteste stazioni furono con inusitata magnificenza, parte ricostruite parte ampliate, da Severo e da Caracalla, e della molta gratitudine dei vigili verso quest'ultimo imperatore fan fede numerose memorie epigrafiche a lui da quei militi dedicate. Né è qui da passar in silenzio, che Severo e Caracalla vollero pur comprendere nel riordinamento generale che fecero del corpo di polizia e delle sette coorti, il distaccamento dei vigili acquartierato ad Ostia. Il qual distaccamento, composto di quattro compagnie tolte ogni anno dalle sette coorti urbane, era mandato in quella città ad oggetto non che d'impedire gl'incendi, ma di mantenervi l'ordine e la tranquillità.

La stazione ostiense dei vigili rivide la luce nella primavera del 1888, e quattordici piedistalli di statue con lunghe epigrafi onorarie, alquante poche iscrizioni e una serie di graffiti, ci diedero la storia della *statio vigilum* di Ostia, della sua guarnigione e de' suoi ufficiali. E ben sarebbe in vero da desiderare che alcuno, servendosi della surriferita opera del Kellermann sui latercoli della villa Celimontana relativi alla quinta coorte, ed accrescendola delle ulteriori notizie e de' nuovi monumenti spettanti ai vigili, imprendesse a comporre e a ordinare un completo trattato intorno a quella milizia, la quale ebbe pure una parte non piccola nelle vicende politiche della Roma imperiale.

IL LAGO CURZIO
E LE SUE LEGGENDE

IL LAGO CURZIO E LE SUE LEGGENDE

Uno de' luoghi più famosi dell'antico Foro Romano fu indubbiamente il Lago Curzio, considerato nella tradizione popolare come vestigio di un pantano o abisso che in una età remota avrebbe esistito nella parte più bassa del Foro e le cui origini risalirebbero a tempi antichissimi[104]. Era nell'immediata vicinanza della colossale statua equestre di Domiziano, dicendolo espressamente Stazio là ove, con mirabile precisione, descrive tutti i particolari del colosso Domizianeo[105], eretto a quell'Imperatore per commemorare le vittorie da lui riportate sulla Germania.

Ricostruzione del Lago Curzio. (Dall'Huelsen)

---

[104] Huelsen, *Roem. Mitteilungen*, 1902, pp. 322-329; GATTI, *Bull. Com.* 1904, p. 179; BONI, *Atti del Congresso Storico*, pp. 580-582; TOMASSETTI, *Bull. Com.* 1904, pp. 181-187.

[105] *Silv.* I, 1, v. 21 e sgg.

Tanto Livio[106] quanto Varrone[107] ricordano il luogo insigne per fatti e per leggende. La più antica di queste è che Mezio Curzio, duce sabino, inseguito dai Romani nella battaglia combattuta contro Romolo, si sarebbe insieme col cavallo ingolfato nel pantano ed a mala pena salvato.

Un'altra leggenda, senza dubbio la più popolare e dalla quale Livio afferma avere il luogo derivato il nome, narra invece come nel quarto secolo avanti Cristo, un terremoto o qualsiasi altra causa ignota, avendo fatto avvallare il terreno nel mezzo del Foro e prodotto in conseguenza una voragine, i vati predissero che questa non si colmerebbe se non gittandovi ciò che costituiva il maggior bene, ed in tal guisa la potenza romana diverrebbe eterna.

Un giovane e nobile romano, per nome Marco Curzio, stimando essere la vita appunto il maggior bene, rivolto verso i templi degli Dei immortali che sovrastavano il Foro e guardando il Campidoglio, con le mani protese quando verso il cielo quando verso la terra spalancata a' suoi piedi, si votò agli Dei infernali. Quindi, armato di tutto punto e montato su di un cavallo riccamente bardato, slanciossi nella voragine, che tosto si richiuse; mentre una moltitudine di popolo gli gittava dietro frutta ed altre offerte espiatorie.

In quanto a Varrone, questi appoggiandosi ad un racconto dell'annalista Procilio espone il fatto eroico di Marco Curzio, donde fa procedere il nome dato al luogo, riferendo ad un tempo la tradizione dei cronisti Stilone e Lutazio, i quali scrivevano come quel sito essendo stato colpito dal fulmine, venisse per ordine del Senato fatto chiudere e ricingere, l'anno 445 avanti Cristo, da C. Curzio console che ebbe a collega M. Genucio Augurino.

---

[106] I, 13; VII, 6.
[107] L. L. V, § 148-150.

Fuvvi poscia eretta un'ara, la quale sussistette insino a quando, in occasione dei funerali di Cesare, si dierono nel Foro giuochi gladiatori. Sembra, tuttavia, che più tardi Augusto la ristabilisse, dicendo Ovidio:

Curtius ille lacus, siccas qui sustinet aras,
Nunc solida est tellus, sed lacus ante fuit[108].

Se non che allora il lago Curzio altro non era se non una specie di puteale, innalzato su di un terreno asciutto, in cui ogni anno tutti gli ordini dello Stato andavano a gittar monete per la salute di quell'Imperatore[109].

Ai giorni di Plinio erano lì presso un fico, una vite ed un olivo; né sarebbe improbabile che il Lago Curzio, o meglio il puteale, fosse restaurato in sugli inizi del quarto secolo dopo Cristo, ed in quella occasione venisse quivi collocato il bassorilievo esprimente Curzio in atto di buttarsi nella voragine, oggi nelle scale del palazzo detto dei Conservatori in Campidoglio.

Ma di cotesto marmo parlerò a suo luogo; ora torna espediente dire anzitutto qualche parola sulla leggenda di Curzio, la quale, più o meno alterata, perdurò a lungo nella memoria letteraria del medio evo. Primo ad aprire la lista degli scrittori di quel tempo che ne facciano menzione è sant'Agostino, che tiene il fatto per istorico e lo addita ai Cristiani come un esempio di fede nella divina ispirazione[110]. La quale ferma credenza in un così autorevole scrittore, avrà non poco contribuito, secondo osserva il Graf[111], a dare

---

[108] *Fasti*, VI, v. 403 e sgg.
[109] SUETONIO, *Octav.* 57.
[110] *De civ. Dei*, V, 18.
[111] *Roma nella memoria e nelle imaginazioni del medio evo*, I, p. 227.

maggior rilievo e notorietà al racconto, anche nella letteratura delle età seguenti, sebbene con grande confusione di nomi, di luoghi e di cose, rimanendo tuttavia il fondo storico sempre il medesimo.

Il nome di Curzio si trasmuta nelle più bizzarre guise. Esso diviene *Marco Curio* in alcuni codici del *Dittamondo*; *Marchus Tulcius* in certe cronache francesi contenute in un codice della Nazionale di Torino; *Marcus Tuitius* in Giovanni d'Outremeuse, e così via discorrendo.

Nel *Libro Imperiale* il fatto è riportato nel seguente modo. Apparve in Roma, quasi nel mezzo della terra, un abisso profondo donde usciva un terribile fetore. I Romani spaventati, fecero per tre dì, vestiti di sacco, solenni sacrifici; all'ultimo gli auguri dissero loro come abbisognasse correre ai templi, perché gli Dei li avevano presi a sdegno né più ascoltavano i loro preghi, e ciò avveniva per i peccati commessi. La qual cosa tosto eseguita dai Romani, gli auguri aggiunsero che ove un cittadino tutto armato si gittasse dentro l'abisso, Roma sarebbe presto libera. Come la notizia si sparse per la terra, un giovane nomato Orazio, figlio del buon Clotes, pel bene della Repubblica vi si precipitò insieme col cavallo e l'abisso prodigiosamente si richiuse. I Romani sparsero su di lui orzo e pane; e la famiglia di Orazio acquistò il diritto di avere la testa di ogni bestia macellata in Roma. Della sua gente fu Giulio Cesare[112].

Nella *Fiorita* di Armannino, la leggenda di Marco Curzio sembra confondersi con quella di san Silvestro, – della quale toccherò in appresso – essendovi detto come in quella parte di Roma chiamata Septisoglio, in certe stagioni dell'anno uscisse un serpente, il quale col fiato uccideva molta gente e quanti incontrava tutti metteva a morte, né a sì gran male

---

[112] GRAF, loc. cit. pp. 225-226.

trovavasi rimedio. Dissero allora i savi indovini che ciò succedeva a cagione de' peccati della romana gente, ma se un solo si trovasse che per la salute del popolo romano fosse pronto a gittarsi nella grotta in cui si ascondeva il serpente, sì fatta molestia avrebbe senz'altro termine. Un cavaliere, per nome Metello, savio e costumato fra tutti coloro che erano in quel tempo, armato su di un gran destriero, nel cospetto di tutta la gente coraggiosamente vi si gittò, né di lui più si ebbe notizia. La peste del serpente cessò ad un tratto, e da indi innanzi non fu più né veduto né udito[113].

Nella Kaiserchronik, per lo contrario, Curzio diviene *Jovinus* ed è pronto a compiere il sacrificio purché gli sia permesso di godere prima l'amore delle più belle donne e fanciulle di Roma; il quale curioso episodio trovasi pure in altri racconti.

Così, a cagion di esempio, in una edizione tedesca dei *Mirabilia* del 1470, è narrato come nell'anno 300 avanti Cristo, essendosi aperta nel centro di Roma una larga fossa donde venivano fuori fuoco e vapori pestilenziali, molta gente ne moriva. I Romani avendo consultato l'idolo intorno a ciò che conveniva fare, ne ebbero per risposta che se alcuno volonterosamente vi saltasse dentro, la fossa non tarderebbe a colmarsi. Venne allora un giovane ardimentoso, nomato Martino, il quale disse che, ove per lo spazio di un anno gli fosse concesso di stare con qualunque donna volesse, sarebbesi poscia immolato pel bene della città. Ottenuta la cosa, egli stette durante tutto quel tempo con molte belle donne, quindi, spirato il termine prefisso, armato di tutto punto su di un cavallo e con l'asta abbassata, saltò nella fossa che subitamente si richiuse e divenne piana. Il

---

[113] GRAF, loc. cit. p. 226.

luogo fu denominato: *Presso la fossa dell'Inferno*, ed i Cristiani vi edificarono la chiesa di S. Antonio.

Qui pertanto giova avvertire, che il luogo ricordato sì nei *Mirabilia* e sì nelle carte topografiche del medio evo col nome d'*Inferno*, sia quando la voragine di Curzio, quando la cavità sotterranea in cui papa Silvestro imprigionò il drago.

Perocché la leggenda cristiana fin dal sesto secolo narrava, che in una caverna della rupe Tarpea, 365 scalini sotterra, viveva un drago che i magi e gl'indovini nutrivano di vittime umane. Esso saliva di tempo in tempo alla superficie del suolo, spandendo esalazioni mefitiche. Il papa Silvestro, coadiuvato dall'apostolo Pietro, pervenne a trionfare del mostro ed a rilegarlo dentro la caverna, dopo di che non se ne intese più parlare[114]. Secondo altri, Silvestro avrebbe ucciso il drago con l'asta della croce.

I *Mirabilia*, poi, ricordano in quelle immediate vicinanze un *palatium Catilinae* – per avventura il grandioso edificio quadrato al presente chiamato *aedes divi Augusti* – ove s'innalzava a quei giorni la piccola ed antica chiesa di S. Antonio, presso cui era il luogo detto *Inferno*, donde nel medio evo l'attigua chiesetta di S. Maria trasse l'appellazione *de Inferno*, oppure anche *de Lacu* che potrebbe avere qualche attenenza con la leggenda del Lago Curzio.

---

[114] DUCHESNE, *Liber pontificalis*, p. CXI; cf. Armellini, *Le chiese di Roma*, p. 527. Un'altra versione della medesima leggenda pone presso S. Maria Liberatrice, la sotterranea caverna del drago, a cui veniva porto il cibo da vergini, finché il papa Silvestro, celebrata che ebbe quivi la sacra liturgia, riuscì mediante preghiere a domare il mostro ed a confinarlo dietro ad una porta di bronzo (GRISAR, *Storia di Roma e dei papi nel medio evo*, I, pp. 330-331).

Papa Silvestro che uccide il drago con l'asta della croce.
(Da un'incisione di Alò Giovannoli)

Più tardi l'*Inferno*, nel senso di dimora dei dannati, fu dal popolo messo in relazione con la storia del dragone; e la chiesa ebbe il nome completo di *Sancta Maria libera nos a poenis inferni*, compendiato poscia in quello di S. Maria Liberatrice, chiesa or non ha guari distrutta. E per una strana trasformazione della vecchia leggenda di Curzio, vi si collegava il racconto di un cavaliere quivi sacrificatosi per liberare la città da un terribile dragone vomitante fiamme, il quale stava appiattato nelle profondità di un vicino tempio di Vesta.

La chiesa di S. Maria Liberatrice al Foro, nel secolo decimottavo.
(Da un'incisione del Vasi)

L'autore finalmente del libro *de Promissionibus*, che scriveva ai giorni di Onorio, riferisce una storiella alquanto fantastica, la quale per avere in certo modo relazione col soggetto di cui si tratta, mette conto che io qui registri. Era dunque in Roma, dentro di una grotta, un drago di smisurata grandezza – probabilmente di legno ovvero di metallo – condotto con arte mirabile e i cui artificiosi congegni gli conferivano un tal qual movimento. Nella bocca gli avevano messo una spada aguzza a guisa di lingua, e gli occhi fatti di pietre preziose sì fattamente rilucevano in quell'antro oscuro, che tutti coloro che lo affisavano erano presi da un subitaneo terrore. Solevasi immolargli annualmente alcune vergini, affatto ignare della sorte che le attendeva, e però si ornavano di fiori e davansi loro de' doni perché li offrissero al drago.

Ma non appena erano discese che, premendo inconsapevolmente un certo gradino, scattava una molla e il drago slanciavasi su di esse uccidendole con la spada che teneva in bocca. Un santo monaco, i cui meriti gli avevano acquistata l'amicizia di Stilicone, essendo riuscito a trovare il modo di scendere nella grotta evitando il diabolico gradino, potè abbattere l'artificioso drago e romperlo in mille pezzi[115].

Né il Petrarca né Fazio degli Uberti omisero di celebrare l'eroico fatto di Marco Curzio. L'uno nel *Trionfo della Fama* dice di lui:
Che di sè, e dell'arme empiè lo speco
In mezzo 'l foro orribilmente voto;
l'altro, nel *Dittamondo*, poema in cui è rappresentato il mondo allora conosciuto, fa che Roma gli dica:
Là si noma l'Inferno, e là già fui
Per Marco Curzio dal fuoco difesa,
Com'io t'ho detto e puoi saper d'altrui.

Nei *Gesta Romanorum*, da ultimo, il valoroso Romano che si gitta nella voragine, simboleggia Cristo redentore che serra le porte dell'inferno.

Che poi il Lago Curzio stesse nel luogo sopra indicato, viene a farne testimonianza il ragguardevole bassorilievo disseppellito, l'anno 1553, in un giardino che si estendeva tra la colonna di Foca e il tempio de' Castori, rappresentante il sacrificio di Marco Curzio, e oggidì murato, siccome già dissi, nella parete lungo la scala del palazzo detto dei Conservatori in Campidoglio.

---

[115] TILLEMONT, *Hist. des empereurs*, V, p. 518.

Marco Curzio.
(Rilievo nel Palazzo dei Conservatori in Campidoglio)

Poiché portando esso inciso sul lato opposto – ora visibile dall'altra parte del muro in cui è inserito – una epigrafe, di un tempo tuttavia anteriore, riferentesi a Nevio Surdino, *praetor inter cives et peregrinos*, e sapendosi dagli antichi testi come il *tribunal praetorium*, luogo delle sedute giudiziarie sotto la Repubblica sino ai primordi dell'Impero, si trovasse *sub veteribus* presso il Lago Curzio, ne viene di conseguenza che in quella periferia appunto dovette stare il leggendario sito.

Comunque sia, cotesto bassorilievo scolpito nei tardi tempi imperiali sul rovescio dell'accennata lapide, a torto da taluno sospettato di modernità[116], è copia di un'antica opera d'arte italica del terzo secolo incirca avanti Cristo. Il soggetto

---

[116] HELBIG, *Führer*, I, p. 379.

rappresentatovi vedesi riprodotto, con lo stesso tipo, su di alquante gemme e lucerne romane dei primi anni dell'Impero; ed è da credere che il comune prototipo di tutti cotesti monumenti sia stato forse o una pittura ovvero una scultura già fin da antico esistente in Roma[117].

Sotto Giulio III, il nostro bassorilievo era nel museo Capitolino appiè della scala, ove fu veduto e studiato dal Pighio che ne diè il primo disegno; poscia ricoperto da un gran leone con le arme di Sisto V, rimase pressoché inosservato nei secoli decimosettimo e decimottavo, finché ebbe stabile collocamento dove oggi si vede[118].

Nell'aprile dell'anno 1904, gli scavi eseguiti sotto il pavimento di travertino, tra la statua equestre di Domiziano ed i piedistalli di mattoni appartenenti ai tempi dioclezianei, misero allo scoperto alcuni avanzi che con ogni probabilità possono attribuirsi al sacro recinto del Lago Curzio; cioè, lo zoccolo di un altare o puteale rotondo, e le tracce di are o basi appartenenti forse alle *arae siccae* cui accenna Ovidio, come esistenti ai suoi giorni presso quel venerando e storico monumento. Ond'è da sperare, che il comm. Boni, cui dobbiamo cordiale gratitudine per la sagace cura che mette nel restituire le rovine del Foro nella lor dignità, possa col tempo rinvenire anche i resti della stipe votiva gittata nella

---

[117] FURTWAENGLER, *Die antiken Gemmen*, III, pp. 284-285; HUELSEN, nelle *Roem. Mitteilungen*, 1902. pp. 322-29.

[118] Come giungesse al posto attuale lo narra il conte GIUSEPPE MENATTI in un piccolo e raro opuscolo di circostanza intitolato: *Al Santissimo e Beatissimo Padre Benedetto decimoquarto questa spiegazione di un bassorilievo rappresentante il feroce Curzio Sabino, Giuseppe Menatti Conservatore di Roma, dà, dona, dedica.* In Roma presso Gio Maria Salvioni 1744. È chiaro che il bassorilievo è qui riferito all'altra leggenda del sabino Mezio Curzio.

sacra voragine, per la salute e prosperità dell'imperatore
Augusto.

Marco Curzio figurato su di una lucerna romana.
(Nel British Museum a Londra)

I GIORNALI
NEL MONDO ROMANO

I GIORNALI NEL MONDO ROMANO

I giornali[119], che molti per avventura si pensano essere un'invenzione al tutto moderna, ebbero invece corso presso i Romani eziandio; né solamente durante l'Impero, ma prima. Imperocché secondo alcuni, la loro origine rimonterebbe agli anni che immediatamente seguirono la caduta di Numanzia; secondo altri per lo contrario, e con molto maggior fondamento, al primo consolato di Cesare[120]. Comunque si sia, è indubitato che già insino dagli ultimi tempi della Repubblica vi erano giornali che, massime sotto alcuni rispetti, molto rassomigliavano agli odierni.

La qual cosa non deve far meraviglia se per un momento si consideri, che in un Governo dove l'ambizione era sempre tenuta desta, ed una larga catena d'interessi e di speranze comuni stringeva tutte le classi de' cittadini, e l'autorità dell'uomo pubblico si formava soprattutto per l'appoggio unanime delle tribù, de' municipi, delle colonie, come pure per quello delle nazioni straniere, la parola, sebbene mezzo efficace, non poteva più bastare alle comunicazioni fra i

---

[119] Su questo argomento scrissero: LE CLERC, *Des journaux chez les Romains. Eecherches précédées d'un mémoire sur les Annales cles Pontifes et suivies de fragments des journaux de l'ancienne Rome*, Paris, MDCCCXXXVIII; LIEBERKÜHN, *De Diurnis Romanorum actis*, Vimariae, 1840; HÜBNER, *De Senatus populique Romani actis*, Lipsia, 1859; HUMBERT presso DAREMBERG-SAGLIO, I, p. 49: KUBITSCHEK, presso PAULLY WISSOWA, I, p. 250-295; ed altri.
[120] SUETONIO, *Caes.* 20.

patroni ed i clienti, fra Roma e i diversi popoli. Onde ne venne di conseguenza, che s'imaginasse un modo di ravvicinare con una rapida corrispondenza tutte le parti di questo vasto corpo, i cui suffragi avevano la facoltà di dare e il potere e la gloria; questi due beni in tutti i tempi sì ardentemente ambiti e sospirati. Vero è che i personaggi ragguardevoli e gli uomini politici, ogni qual volta venisse lor fatto di assentarsi da Roma, non solo si facevano minutamente informare dagli amici di tutti gli avvenimenti pubblici di qualche importanza, ma volevano altresì che a queste lettere si aggiungesse una cronaca compilata da scrivani, nella quale fossero narrate le storielle e le chiacchiere della città. Così veggiamo un giovane cavaliere romano, M. Celio Rufo, di famiglia plebea oriunda di Pozzuoli, uomo frivolo e turbolento, partigiano di Catilina, e uno degli amanti della famosa Clodia (la Lesbia di Catullo), essere il corrispondente letterario e talvolta politico di Cicerone, il quale, durante il suo proconsolato di Cilicia, riceveva da lui le notizie di Roma che egli ricavava per la massima parte dai giornali o meglio da una cronaca cui intitolava: *Commentario delle cose urbane*.

Celio non solo aveva cura di riferire i senaticonsulti, gli editti de' magistrati, i discorsi del Foro e ogni fatto di qualche rilievo, ma le novelle e i pettegolezzi del giorno, *fabulae et rumores*, pascolo gradito, come oggidì, dei curiosi e degli sfaccendati.

Delle parecchie lettere a Cicerone che di cotesto Celio ci rimangono, dalle quali palesemente risulta che egli spediva in Asia una specie di giornale di Roma, alcune non racchiudono se non semplici notizie di conversazione, come, a cagion di esempio, racconti esagerati di qualche infortunio toccato a

Cesare nelle Gallie; molti processi; Messalla ingiustamente assolto e il suo avvocato, ed insieme zio, Ortensio, accolto al teatro con fischi e mormorii di disapprovazione; la morte di Ortensio avvenuta l'anno appresso; il divorzio di Dolabella e le officiose premure di esso Celio per fargli sposare Tullia; gl'intrighi dei comizi; Servio Ocella sorpreso in adulterio per ben due volte in tre giorni; l'Italia invasa da Cesare; i primi gridi di guerra risonanti tra le mura di Corfinio, e così via discorrendo. Altre lettere invece contengono cose di molto maggior momento, e declamazioni contro i vizi e la corruttela del secolo ed alquanti ritratti storici, nei quali egli vuol dimostrare che Pompeo manca di senno e Cesare di probità[121].

Molte notizie poi Celio confessa di attingere dai novellieri che stanziavano nel Foro presso la tribuna, e che perciò eran detti *subrostrani*; notizie, del resto, che non avevano spesse volte nessun fondamento, come, per esempio, quella della morte di Cicerone che dicevasi assassinato in viaggio; voci false da cui non vanno né meno esenti le moderne gazzette, quantunque abbiano maggiori e più efficaci mezzi di sapere il vero. Celio pertanto era accusato di pescare nella compilazione di un Greco, per nome Cresto, intelligente e attivo ma d'altronde ignoto, uno dei redattori forse del giornale di Roma, tutte le storielle di gladiatori e le cause celebri e gli aneddoti di teatro e tutte quelle avventure infine che oggi si direbbero *à sensation*, mediante le quali egli si studiava di divertire il suo lontano amico.

Ma allorquando la potenza romana si fu maggiormente

---

[121] CELIO, ap. CIC. *Epist. fam.* VIII, 1-4, 5, 6-8, 12-15, 17.

ampliata, cotali mezzi di comunicazione e diffusione dovettero certamente sembrare insufficienti a un gran numero di cittadini, i quali o per affari pubblici, ovvero per faccende private, erano costretti a trattenersi in paesi lontani; onde facilmente si comprenderà come Giulio Cesare, a fine di rendersi vie più popolare, stabilisse una pubblicazione ufficiale e regolare, tanto degli Atti del Senato, quanto dei fatti che succedevano in Roma, sia che avessero una reale importanza, sia che porgessero semplicemente un'allettativa alla pubblica curiosità. E quantunque negli usi e nelle abitudini de' Romani, siccome abbiam veduto, già esistessero i germi di una simile pubblicazione, pur nondimeno è da credere, che avanti il primo consolato di Giulio Cesare non vi fossero giornali nel vero senso della parola. I quali poi, come tosto apparvero, si dissero *diurna populi Romani, diurna Urbis acta, diurna actorum scriptura, populi diurna acta, acta diurna, diurna, diurni commentarii, commentarii rerum urbanarum, acta rerum urbanarum, acta urbana, Urbis acta, publica acta* e anche semplicemente *acta*[122].

Contenevano questi una specie di cronaca quotidiana, come risulta sì dalle lettere di Cicerone e sì da quelle a lui dirette da vari personaggi, le quali c'informano per più anni delle notizie raccolte in tali giornali, cioè i senaticonsulti, gli editti emanati per pubblica autorità, le elezioni, gli affari relativi alle provincie, le cose forensi, gl'intrighi politici, i nomi dei magistrati designati e tutti gli avvenimenti

---

[122] CICERONE, *Epist. ad fam.* II, 15; VIII, 2, 11; XII, 23; PETRONIO, *Satyric.* 53; GIOVENALE, II, 136; VI, 483; TACITO, Annal. III, 3; XII, 24; XIII, 31; XVI, 22; PLINIO, *Epist.* V, 13; VII, 33; IX, 15; *Paneg.* 75; SUETONIO, *Caes.* 20; *Claud.* 41; *Aug.* 64; *Calig.* 36; LAMPRIDIO, *Commod.* 15; *Alex. Sev.* 6.

importanti della città. Né vi mancavano le novità del giorno, vale a dire le nascite, le morti, massime quelle degli uomini illustri, i funerali, le novelle usanze, le descrizioni dei giuochi gladiatorii, i sacrifici, gl'incendi, i processi, i matrimoni, i divorzi, i prodigi e i portenti, le feste religiose e le dedicazioni di templi; insomma tutto quell'insieme di cose cui oggi si darebbe il nome collettivo di *fatti diversi*.

In quanto alle nascite, è probabile che gli *acta Urbis* non annunziassero se non quelle che avvenivano nelle nobili e cospicue famiglie di Roma, ristringendosi a dare un semplice avviso sommario del numero dei nati appartenenti a famiglie meno note e meno agiate.

Delle cause celebri comunicavano notizie più ragguagliate. Asconio Pediano, antico commentatore di Cicerone, che sotto Caligola e Claudio consultava ancora i giornali del tempo di Cesare, vi raccolse molti fatti onde illustrare il grande oratore e descrivere i tumulti del tribunato di Clodio, un liberto del quale, Damione, aveva assediato Pompeo nella propria casa, e molte informazioni tanto intorno allo scontro di Boville ed all'uccisione di Clodio, quanto sulle agitazioni popolari e sui discorsi pronunziati al Foro da Sallustio e da Quinto Pompeo, tribuni turbolenti e acerrimi nemici di Milone.

Sappiamo che Giulio Cesare fece registrare negli *acta* del febbraio 709 la notizia che egli nella festa de' Lupercali aveva rifiutato il diadema regale intrecciato d'alloro offertogli da Marc'Antonio, dicendo che egli Cesare e non Re si chiamava. E sotto l'Impero vi si divulgavano i rescritti, le costituzioni, gli editti, le opere edilizie dei principi, le loro orazioni e le vive e più volte ripetute acclamazioni dei senatori[123], le nuove di guerra, le proposte di eriger templi a Nerone[124], l'apoteosi di Claudio[125] e l'allargamento del pomerio eseguito da questo Imperatore[126], il titolo di nume dato a Domiziano[127], il supplizio d'illustri personaggi[128] e finalmente molte notizie concernenti ancor più da vicino la famiglia imperiale, vale a dire le nascite e le morti loro, e le pompose esequie e insino le palme vinte dall'imperatore Commodo combattente da gladiatore nell'arena dell'anfiteatro; il quale amando inoltre la celebrità e lo scandalo che gli venivano dalle sue turpitudini, volle anche vi si pubblicassero tutte le crudeltà e tutte le infamie da lui commesse[129].

Suetonio, il quale molto si compiaceva della storia aneddotica e che accenna agli *acta* a proposito delle tre nuove lettere introdotte nell'alfabeto latino da Claudio[130] e dopo la morte di questo Imperatore pressoché dimenticate, vi trovò il giorno natalizio di Tiberio e il luogo ove nacque Caligola[131]. Vi si pubblicavano parimente le udienze concesse dall'Imperatore, sia a conoscenti della *domus Augustana*, sia a personaggi dell'ordine senatorio ed equestre; ed è noto come Livia facesse inserire negli *acta* l'elenco delle persone ammesse nel mattino all'onore di salutarla[132]; la qual cosa

---

[123] LAMPRIDIO, *Alex. Sev.* 6-12, 56; CAPITOLINO, Gord 5; ed altri.
[124] TACITO, *Annal.* XV, 74.
[125] TACITO, *Annal.* XII, 69.
[126] TACITO, *Annal.* XII, 23 e 24.
[127] SUETONIO, *Domit.* 13.
[128] DIONE, LXVII, 11, 1-3.
[129] LAMPRIDIO, *Commod.* 15.
[130] *Claud.* 41.
[131] *Tib.* 5; *Calig.* 8.
[132] DIONE, LVII, 12.

venne poscia imitata da Agrippina, madre di Nerone[133]. Molti passi di Tacito vengono a testificare che egli diligentemente consultava cotesti *acta*, da cui poté raccogliere parecchi documenti riguardanti i funerali di Germanico insieme coi nomi di coloro che vi erano intervenuti e i favorevoli giudizi dati dell'anfiteatro in legno costruito da Nerone nel Campo Marzio[134]. E lo stesso autore ricorda l'avidità onde gli *acta* venivano letti negli eserciti e nelle provincie per conoscere il contegno di Trasea, allorquando questi ebbe protestato contro i senatori, vigliaccamente plaudenti all'orrendo matricidio di Nerone, coll'alzarsi e partir dalla Curia[135]; il che costituiva, come oggidì direbbesi, l'avvenimento del giorno.

Molto posto vi occupavano le varietà, i portenti, le favole e i fatti memorabili. Così, per esempio, nell'anno 800, sotto la censura dell'imperatore Claudio, i giornali annunziarono che una fenice era stata portata a Roma ed esposta nel Comizio, ma non vi fosse alcuno che credesse essere quella un vera fenice[136]. Plinio lesse negli *acta* non pur che nell'anno dell'uccisione di Clodio, durante il processo di Milone, piovvero dal cielo mattoni cotti[137], ma che agli 11 di aprile del 748, nel duodecimo consolato di Augusto, un C. Crispino Ilaro, di onesta famiglia plebea di Fiesole, venne a sacrificare in gran pompa nel tempio di Giove Capitolino, accompagnato da sette figli e due figlie, da ventisette nipoti maschi, da otto nipoti femmine e da ventinove pronipoti[138]. Vi lesse anche la storia di Felice auriga della fazione russata,

---

133 DIONE, LX, 33.
134 *Annal.* III, 3; XIII, 31.
135 Ibid. XVI, 22.
136 PLINIO, *H. N.* X, 2.
137 *H. N.* II, 57.
138 Ibid. VII, 11.

il quale essendo morto e posto sul rogo, uno de' suoi partigiani vi si gittò sopra[139]; e il fatto singolare occorso nella condanna capitale di Tizio Sabino, l'anno 781 di Roma. Il quale messo a morte per causa di Nerone, figlio di Germanico, insieme co' suoi servi, uno di questi fu seguito nella prigione e insino sui gradini delle Gemonie dal proprio cane, che mettendo lamentevoli urli, accostava alle labbra del morto padrone il cibo che alcuno gli aveva pòrto, quasi che volesse con ciò ritornarlo alla vita. Poscia precipitato il cadavere nel Tevere, esso gittatovisi appresso, si sforzava di sorreggerlo sull'acqua avanti gli occhi di una gran moltitudine di gente, ivi accorsa per ammirare la fedeltà di quell'animale[140].

È peraltro da avvertire, che il più delle volte gli *acta* non contenevano se non quello che il potere supremo stimava opportuno di divulgare. Il che ci viene confermato da ciò che avvenne a quel tale architetto, il quale avendo con mirabile arte rifabbricato un portico di Roma che minacciava rovina, l'imperatore Tiberio, mosso da un basso sentimento d'invidia, vietò che si notasse il fatto nei giornali, di sorte che il nome del valente artefice ci è rimasto ignoto[141].

In quanto allo stile ed al modo onde erano compilati cotesti giornali, ne abbiamo un perfetto modello in quella parodia o imitazione comica tramandataci da Petronio, dalla quale chiaramente apparisce, non che la loro grande semplicità e concisione, ma altresì l'assoluta mancanza di qualsiasi fioritura rettorica.

---

[139] Ibid. VII, 54.
[140] Ibid. VIII. 61.
[141] DIONE, LVII, 21.

È un disteso, che l'*actuarius* di Trimalcione viene a leggergli, *tamquam Urbis acta,* durante la cena, e che è in tal guisa concepito:

Il VII delle calende di agosto sono nati nella terra di Cuma. appartenente a Trimalcione, trenta maschi e quaranta femmine; si son trasportati dall'aia ne' granai cinquecentomila moggi di frumento; si sono appaiati cinquecento buovi.

Il medesimo giorno lo schiavo Mitridate è stato posto in croce per aver bestemmiato contro il genio di Caio nostro padrone.

Il medesimo giorno si son tornati a riporre nella cassa centomila sesterzi, per non aver trovato modo di rinvestirli.

Il medesimo giorno è avvenuto un incendio nei giardini di Pompei, sviluppatosi da prima nella casa del fittaiuolo Nasta.

Seguivano gli editti degli edili, i testamenti de' guardaboschi i quali pur encomiando Trimalcione si scusavano di non istituirlo erede, i conti dei fattori, l'avventura di una liberta ripudiata dall'ispettore perché sorpresa in illecito convegno col bagnaiuolo, la relegazione dell'atriense a Baia, l'accusa mossa contro il cassiere e il giudizio fattone dai cubiculari[142].

Da questo piccolo brano adunque del romanzo satirico di Petronio, in cui egli ha voluto imitare i giornali del suo tempo, appieno s'inferisce quanto mai fossero nella loro forma semplici e concisi. Sembra poi che fossero scritti in un latino non troppo corretto e misto di grecismi divenuti per

---

[142] PETRONIO, *Satyric.* 53.

l'uso frequente veri luoghi comuni, come, a cagion d'esempio, la frase *saucius pectus*, cui accenna Quintiliano[143], riferentesi senz'alcun dubbio a partecipazioni mortuarie e costantemente adoperata per esprimere, sotto una forma trita e convenzionale, il profondo dolore di chi dava il mesto annunzio.

Erano sì fatti giornali molto desiderati e letti; e le matrone romane, al pari delle moderne dame, potevano nel mattino, destandosi, apprendere da essi le novelle e le chiacchiere della città. Venivano anche spediti in tutte le parti dell'Impero; e noi sappiamo che Cicerone, nel fondo della sua provincia di Asia, leggeva i discorsi di Curione tribuno della plebe; dal che inoltre risulta, come i discorsi del Foro erano commentati e rapportati nel giornale della città. Da un passo finalmente di Filone ebreo si ricava, che le provincie ancora avevano un proprio giornale, che alla loro volta mandavano a Roma.

In quanto ai giornali militari, *acta militaria o bellica*, essi formarono insino dai primi tempi una classe a parte, i cui principali documenti, accumulati durante una lunga serie di guerre combattute contro tanti e differenti popoli, vennero forse raccolti da Augusto e riposti nel tesoro militare. Ed è da credere che costituissero in appresso quegli archivi del campo, di cui si fa cenno in proposito dell'avvenimento al trono di Elagabalo[144], e che erano letti da Alessandro Severo[145]. Essi pertanto non si riferivano all'amministrazione centrale dell'esercito, che, del resto, non esisteva in Roma nel

---

143 *Inst. Orat.* IX, 3, 17.
144 DIONE, LXXIX, 2.
145 LAMPRIDIO, *Alex. Sev.* c. 21.

modo come s'intenderebbe oggigiorno negli Stati moderni, sì bene a quella speciale de' singoli corpi militari residenti nella capitale e nelle varie parti dell'Impero. E per conseguenza avevano un carattere tutto proprio e puramente di ufficio, ed erano veri registri in cui s'inscrivevano segnatamente i conti del soldo e delle provviste, il numero degli uomini sotto le armi e forse anche i rispettivi nomi, gli obblighi e l'indicazione delle differenti cariche, le pene e le ricompense toccate ai soldati, le varie forme di congedo, i privilegi accordati ai veterani, gl'itinerari e le carte topografiche, insomma tutto ciò che riguardava sì l'amministrazione in generale come in particolare del servizio giornaliero militare.

Che poi gli *acta* assumessero nelle provincie, ove stanziavano le legioni, un'importanza ed un'estensione assai maggiore, è cosa naturale e facile a spiegare, perocché le provviste facendosi mediante le contribuzioni dei provinciali, ed essendo tali contribuzioni parte del tributo dovuto al fisco, gli speciali registri ad esse appartenenti divenivano necessariamente documenti ufficiali non circoscritti nel campo puramente militare, sì bene dell'erario eziandio. La redazione di cotesti *acta militaria* si apparteneva agli *actuarii, librarii, tabularii* e ad altri *principales*, e forse in modo particolare ai *commentarienses*, de' quali troviamo a volte fatta menzione nelle lapidi.

Non istarò qui a parlare ne delle altre forme di giornali, né di quella serie di pretesi *acta* che si riferiscono all'anno 585 e 691 di Roma, che alcuni dissero scritti in antichissime carte, altri in marmo, ma de' quali nessuno tuttavia seppe mai indicare ove si trovassero gli originali, e che nel leggerli pare di avere sotto gli occhi la cronaca di un qualche popolare giornale moderno, talmente sono pieni di storielle di ogni sorta, di omicidii, di furti, di tumulti di operai e di altre cose consimili. Pubblicati dapprima negli *Annali* di Pighio (1615) e poi da altri ancora, e finalmente dal Dodwell[146] con aggiunte, i più li tennero per veri sino a questi ultimi tempi; oggi non vi è più alcuno che creda alla loro autenticità.

Opera indubitatamente di un dotto falsario del secolo decimosesto, come, fra gli altri, lo ha provato il Le Clerc[147], che con sagace critica seppe rintracciare i vari elementi in essi riuniti e combinati, sì fatti pretesi *acta* non sono se non una specie di centone dal quale è facile ricavare ogni frase tolta a Livio, a Cicerone e ad altri. La loro falsità venne anche più di recente dimostrata dall'Heinze[148] con nuovi e validi argomenti, e però sarebbe inopportuno farne qui materia di discorso.

Darò più presto un breve cenno intorno al modo onde si pubblicavano e diffondevano gli *acta* o giornali, sebbene non si abbiano in tal proposito ragguagli precisi.

Pare tuttavia certo, che si cominciasse col distenderli in tavole o sopra le mura di un qualche luogo pubblico e frequentato della città, affinché da ognuno potessero essere letti e copiati, e specialmente dai *librarii* che s'incaricavano del loro spaccio; e vi si notavano giorno per giorno i fatti che avvenivano.

In quanto alla compilazione, è da credere che spettasse a

---

146 *Praelectiones academicae*, Oxonii, 1692.
147 *Des journaux chez les Romains*, ecc., p. 299.
148 De spuriis act. diurn. fragm. Greifswald, 1860. Si trovano tra le spurie nel Corpus inscript. latinarum, VI, n. 3403.

certi ufficiali subalterni denominati *actuarii*, coadiuvati da altri detti *notarii*, i quali potrebbero assai giustamente paragonarsi ai nostri *reporters*, perché avevan l'obbligo di cercare e raccogliere quante notizie potevano. E sebbene i ricchi Romani avessero presso di sé degli schiavi occupati esclusivamente a copiare gli *acta diurna*, eranvi nondimeno anche degli speciali e pubblici scrivani il cui mestiere consisteva appunto nel trascrivere gli *acta*, tanto per uso de' cittadini quanto per mandarne copia nelle lontane provincie, ove tali giornali, contenenti i fatti della capitale, erano con molta ansietà aspettati e letti.

Ma se poco sappiamo circa il periodo di tempo anteriore alla riforma di Cesare, non è così per ciò che riguarda gli anni che vi tennero dietro. Perocché sappiamo, che alla redazione degli *acta* furono preposti i consoli, per provvedimento dello stesso Cesare, per passar poscia, ai giorni dell'Impero, nelle mani di un procuratore dipendente direttamente dagli ordini dell'Imperatore e coadiuvato da vari ministri subalterni, noti sotto diversi titoli. La qual cosa viene appieno convalidata da un'iscrizione affricana per tale rispetto importantissima, non più antica dell'età di Adriano né più recente della metà incirca del terzo secolo, appartenente ad un C. Sestio Marziale dell'ordine equestre, che si qualifica per *procurator Augusti ab actis Urbis*[149].

Non ci è lecito tuttavia da questo dedurre, che gli antichi parimente avessero degli uffici di compilazione, e de' fattorini che andassero attorno per la città vendendo i giornali o portandoli nelle case de' privati; che queste cose di uso affatto moderno erano totalmente sconosciute agli

---

[149] *Eph. epigr.* V, 1175.

antichi. Dirò soltanto, come nel Codice Teodosiano si abbia quasi il nome di giornalista nella parola *diurnarius*[150].

Gli *acta* finalmente, dopo essere stati esposti per un certo spazio di tempo al pubblico, venivan deposti o in qualche ufficio o biblioteca, per essere conservati.

In quanto a ciò che concerne la loro durata, difficile invero sarebbe il voler dire alcun che di sicuro; possiamo bensì asserire che perduravano ancora tanto sotto Traiano, gli Antonini ed Alessandro Severo, il quale fece un regolamento in tal proposito, quanto sotto i susseguenti Imperatori. E poiché l'ultima loro menzione s'incontra in Vopisco, storico dell'imperatore Probo, così è abbastanza verisimile che non avessero termine, se non col trasferimento della sede imperiale a Costantinopoli.

E qui metto fine al mio ragionamento, sembrandomi di avere a sufficienza dimostrato come i Romani, questi padroni del mondo, conoscessero essi pure quello che oggi, con un significato assai più vasto e con vocabolo tutto moderno, si suole comunemente chiamare *il giornalismo*.

---

[150] *Cod. Theod.* VIII, 4, 8.

L'ISOLA TIBERINA

L'ISOLA TIBERINA

L'antica Isola Tiberina[151]. oggi detta di S. Bartolomeo, situata nel bel mezzo del Tevere, con Roma da un lato e il Trastevere dall'altro, col piccolo giardino del convento tutto fiorito di aranci e di mirti, per l'addietro tranquillo riposo dei monaci, non conserva se non una lontana reminiscenza di ciò che fu.

Già fin dal secolo decimosesto, tranne scarsissimi avanzi e i due ponti monumentali, i suoi antichi edifici più non esistevano. Un grosso muro, ultimo residuo del tempio di Fauno sulla punta settentrionale verso il ponte Sisto, venne distrutto dalle piene del Tevere in sullo scorcio del decimottavo secolo, mentre già da prima il breve tratto di terra che lo sosteneva erasi distaccato dall'isola formando nelle acque basse un isolotto, ora scomparso, ma del quale abbiamo un disegno nella ben nota pianta del Nolli[152]. Aggiungasi che l'Isola Tiberina, più vasta al tempo dei Romani che non è al presente, tanto nella forma esterna e nelle dimensioni quanto nella superficie, andò soggetta col proceder degli anni a molte alterazioni e modificazioni, non

---

151 Un bellissimo e completo lavoro intorno a questo medesimo argomento, *L'Ile Tibérine dans l'antiquité*, non ha guari condotto a termine dal sig. MAURICE BESNIER, professore alla Facoltà di Lettere nell'Università di Caen, vedrà quanto prima la luce. Per gentile concessione dell'autore, ho potuto percorrerne le bozze e citarlo nel presente articolo.
152 Canina, *Ind. top. di Roma antica*, pag. 574.

meno per l'azione distruttiva delle acque che per la mano degli uomini.

L'Isola Tiberina

Sulla sostruzione di travertino, anticamente condotta a modo di nave, e precisamente sul fianco che guarda il ponte Rotto, esiste tuttora, comeché assai rovinato, il busto di Esculapio, del quale non rimangono che le spalle e piccola parte dei ricciuti capelli e della barba, il resto essendo andato interamente perduto. Gli sta dappresso il tradizionale bastone intorno a cui si ravvolge il misterioso serpe, suo consueto attributo: ed alquanto più in là sporge fuori dai massi una testa di bove o bucranio, che non saprei in vero diffinire a quale uso servisse.

Ma queste ultime e poche reliquie di un tempo passato, vennero barbaramente sconvolte e per la massima parte distrutte nell'eseguire i lavori per la sistemazione del Tevere: i sopraccitati rilievi giacciono ora nascosti e sepolti nelle sabbie del fiume, e la forma stessa della nave è stata alterata, in guisa che oggi ben poco rimane di uno dei più belli e pittoreschi luoghi di Roma.

Ed a tanta poesia di memorie, di luce e di fiori, è succeduta la triste prosa di una camera mortuaria ivi da alcuni anni costruita!... Ed è davvero gran ventura se non fu recata ad effetto la proposta della Commissione Ministeriale di sopprimere a dirittura l'isola, per far fronte non tanto alle naturali esigenze del fiume, quanto alle conseguenze degli errori commessi in quest'ultimo trentennio.

Per quello che riguarda l'origine dell'isola, narrano gli antichi autori come dopo l'espulsione dei Tarquini, il Senato decretasse la confisca dei loro beni che furono concessi al popolo e messi a sacco. Ora i Tarquini possedevano un vasto campo, l'*ager Tarquiniorum*, tra la città ed il Tevere, indi chiamato Campo Marzio. Quivi al tempo del summentovato decreto biondeggiavano i grani, i quali tagliati e in odio ai Tarquini gittati nel fiume, si fermarono trattenuti da un banco di sabbia sotto il Campidoglio, ed insieme con le arene trasportatevi dalla corrente si composero a poco a poco in luogo stabile. Il quale andando ogni dì più crescendo e coprendosi di alberi, si rese permanente, ed aiutato poscia dai Romani con artificiali costruzioni, fu fatto capace di sostenere edifici.

Varie denominazioni ebbe l'isola; Ovidio la chiama semplicemente *Insula*, Vitruvio *Insula Tiberina* e Sidonio Apollinare *Insula serpentis Epidaurii*. Plutarco, che l'indica anche col nome di *Mesopotamia* per la sua situazione in mezzo al fiume, asserisce essere stati in essa templi e passeggiate, ed aggiunge come latinamente si chiamasse *Inter duos pontes* a cagione dei due ponti, Fabricio e Cestio, che la congiungevano alle sponde. Ma più comunemente appellavasi *Insula Tiberina* o *Insula Aesculapii;* laddove nel medio evo ebbe il nome di *Insula Lycaonia,* nome la cui origine è sinora ignota o per lo meno incerta.

In memoria della tradizione intorno al maraviglioso arrivo del serpente Epidaurio a Roma, fu ridotta a rappresentare una nave, ma si ignora quando e da chi ciò venisse fatto. La qual tradizione raccontava, come in occasione di una mortifera pestilenza che infierì per ben tre anni consecutivi, i libri Sibillini in tal proposito consultati rispondessero non poter il flagello aver termine se non quando si facesse venire da Epidauro il dio Esculapio: *inventum in libris, Aesculapium ab Epidauro Romam arcessendum*[153]. E quindi senza frapporre indugio. l'anno 462 di Roma, un'ambasceria di dieci cittadini, condotta da Q. Ogulnio. andò sopra una nave a richiedere uno dei serpenti che, come simboli e personificazione del dio della salute, stavano nel suo tempio presso Epidauro. I desideri furono tosto appagati. Il richiesto serpente spontaneamente si mosse, salì sulla nave degl'inviati romani e giunto con essa in prossimità delle rive del Tevere, slanciossi a nuoto verso l'Isola Tiberina ed ivi pose sua stabile sede. La pestilenza cessò all'istante, e un tempio fu eretto sul luogo in onore di Esculapio.

Per quanto è dato giudicare dal frammento rimasto della poppa, l'imitazione di una nave, tutta di travertino, dovette esser perfetta in ogni suo più minuto particolare; è

---

[153] LIVIO, X, 47.

nondimeno da avvertire, che non appariva galleggiante sulle onde se non in tempo di piena, perocché posava su di una piattaforma due metri al di sopra del livello normale delle acque[154]. Un obelisco, per lunga pezza rimasto dinanzi alla chiesa di S. Bartolomeo e ancora in piedi nel decimosesto secolo, simulava nel centro dell'isola l'albero maestro della nave. Caduto poscia e spezzato, i suoi frammenti andarono dispersi; due di questi, raccolti dal cardinal Borgia e deposti nel suo museo di Velletri, passarono di poi al museo di Napoli; laddove un altro conservato sino alla Rivoluzione francese nella villa Albani, venne trasportato a Parigi ed ora trovasi a Monaco nella collezione del Re di Baviera.

Fra i disegni raccolti da Fulvio Orsini custoditi nella biblioteca Vaticana[155], abbiamo un ristauro di tutta l'isola veduta dal lato di oriente, in forma di trireme, coi templi di Giove e di Fauno a sinistra, di Esculapio a destra. Sotto l'orlo del bordo a sinistra, è figurato il busto di Esculapio col serpe, e bucrani vanno attorno attorno per tutta la lunghezza della nave: né sarebbe improbabile che tale ristauro fosse di mano di Pirro Ligorio, occorrendoci un disegno a questo assai consimile nell'opera del Boissard[156], a cui sappiamo avere spesso servito di modello i disegni Ligoriani.

Dal qual ristauro poi differiscono alquanto i disegni del Gamucci[157] e del Dosio[158], in cui non si scorge altro che la parte a sinistra del ponte Quattro Capi, in forma di nave, con

---

[154] LANCIANI, *Ruins and excavations of ancient Rome*, pagg. 19-20.
[155] Cod. Vat. 3439, fol. 42.
[156] *Topographia urbis Romae* (1681), II, pag. 13.
[157] *Antichità di Roma* (1580), pag. 173
[158] *Urbis Romae reliquiae* (1569), tav. 18.

le chiese e le case moderne al di sopra.

Del medaglione di Antonino Pio, sul quale si è voluto veder figurata l'Isola Tiberina con l'arrivo del sacro dragone[159], non istaremo a discorrere, essendo stata sì fatta opinione sostenuta dagli uni e messa in dubbio dagli altri[160]. E il simile si dica dei due bassorilievi, del tempo degli Antonini, esistenti nel cortile interno del palazzo Rondinini al Corso, i quali tuttoché presentino molti punti di simiglianza col predetto bronzo, non potrebbero con sicurezza esser riferiti all'episodio della maravigliosa venuta a Roma del serpente di Epidauro, secondo alcuni opinarono[161].

Una copia, sebbene fantastica, dell'Isola Tiberina trovasi nella villa d'Este a Tivoli, nel centro della così detta *Rometta*, cioè di una pianta, o meglio di un modello, della città di Roma, che Pirro Ligorio volle aggiungere alle molte curiosità di quel luogo di delizia. Un ruscello, derivante dall'Aniene, vi finge il Tevere, sul quale sembra fluttuare la nave con l'obelisco al posto dell'albero maestro; se non che ai consueti attributi del benefico nume vi si vede sostituita la cotta d'arme del cardinale Ippolito, il fondatore della villa[162].

---

[159] FROEHNER, *Les médaillons de l'Empire romain*, pagg. 51-53.
[160] DRESSEL, *Zeitschrift für Numismatik* (1889), pagg. 32-36; PETERSEN, Roem. Mittheil. (1899), pag. 352; MEYERHOFFER, *Die Brücken im alten Rom*, pagg. 41-46; HUELSEN, *Dissert. pont. Accad. rom. di archeologia* (1896), pag. 253; BESNIER, *L'Ile Tiberine dans l'antiquité*, pagg. 175-181.
[161] VON DUHN, *Bull. Inst.* (1879), pag. 7; *Roem. Mittheil.* (1886), pag. 168. Cfr. l'opinione contraria del DRESSEL, op. cit, pag. 35, n. 2.
[162] LANCIANI, op. cit., pag. 20.

D'ogni tempo l'isola fu tenuta per sacra e sacri furono i suoi edifici, dei quali è anzitutto da menzionare il tempio di Esculapio, alla cui origine poco sopra accennammo, il primo ad esser innalzato nell'isola e il più importante perché dedicato al nume tutelare del luogo. Esso divenne ben presto una specie di stazione medica molto frequentata dagl'infermi, che vi accorrevano in folla per passarvi la notte e ricevere in sogno le visioni e i rimedi dal dio della salute. Donde palesemente risulta che vi si praticava la sacra incubazione, una delle cose più maravigliose del mondo antico ed insieme uno de' più ardui problemi a risolversi; e quindi vi si rendevano oracoli oneiromantici. vale a dire per via de' sogni, al che sovente accennano le antiche lapidi con le consuete formole: *ex visu; somnio admonitus; ex jussu numinis dei*, e simiglianti.

E forse a sì fatte superstiziose pratiche della sacra incubazione entro il tempio di Esculapio nell'Isola Tiberina, vuole alludere Orazio[163] in quel noto passo, ove predicando ai minuziosi critici di Roma una morale, per dir così, cristiana, esclama:

Cur in amicorum vitiis tam cernis acutum,
Quam aut aquila, aut serpens Epidaurius? At tibi contra
Evenit, inquirant vitia ut tua rursus et illi.

E siccome alcuni, al tempo di Claudio, anziché far curare i servi malati, avevano introdotto l'abuso di esporli semplicemente nell'isola, così quell'Imperatore, ad effetto di riparare a simile inconveniente, ordinò che i servi in cotal

---

[163] *Sat.*, I, 3, vv. 26-28.

guisa esposti, qualora guarissero, fossero liberi di fatto[164].

Il tempio sorgeva sulla estremità meridionale dell'isola, al presente occupata dalla chiesa di S. Bartolomeo, le cui monolitiche colonne di granito e di altri marmi debbono provenire, almeno in parte, dall'antico sacro edificio. Nè altrimenti dicasi circa alquanti rocchi di magnifiche colonne di svariati marmi scoperti un venticinque anni addietro nei dintorni di quella chiesa, i quali, dopo aver giaciuto per un certo intervallo di tempo sul terreno, furono ceduti dal Comune di Roma all'Impresa Zschokke e Terrier in compenso di alcuni danni patiti, ed oggi possono vedersi nel villino di quei signori sulla spiaggia di Civitavecchia.

Entro la cella, accanto al simulacro del nume, ergevasi la statua in bronzo del medico di Augusto, Antonio Musa. fatta mediante contribuzioni in danaro, *aere collato*, e decretatagli per aver salvato quell'Imperatore da una grave malattia[165]; ma che in sulla soglia si leggesse la ricetta di una certa teriaca contro le morsicature degli animali velenosi, della quale soleva tare uso Antioco il Grande, non è se non una confusione fatta dal Nibby[166] col tempio di Esculapio nell'isola di Cos, ove appunto tale ricetta era incisa in versi su di una pietra[167]. Sulla sostruzione di travertino, condotta a foggia di nave, vedevasi intagliato il busto di Esculapio col serpe avviticchiato al bastone, i cui resti, assai danneggiati e corrosi dalle acque, sono ora sepolti, siccome da principio

---

164 SUETONIO, *Claud.*, 25.
165 SUETONIO. *Octav.*, 59.
166 *Roma antica*, II, pag. 664.
167 PLINIO VALERIANO, *De re medica*, III, 37; cfr. PLINIO, H. N., XX, 24.

significammo, nelle sabbie del fiume.

Parte dell'Isola Tiberina col ponte Fabricio, in sullo scorcio del secolo xv

In quanto a quello che certuni asseriscono[168], deducendolo da un passo di Livio[169], vale a dire che il tempio fosse stato decorato dal pretore Caio Lucrezio con tavole dipinte da lui tolte alla Grecia, è cosa al tutto inesatta, che quel passo deve riferirsi piuttosto al tempio di Esculapio in Anzio, che non a questo di cui trattiamo[170].

Un gran numero di *ex voto* si rinvennero nell'isola, molti dei quali, e forse la maggior parte, è da credere spettassero al tempio di Esculapio. Consistono in alquanti pezzi anatomici

---

[168] Fra gli altri il NIBBY, op. cit.., II, pag. 664.
[169] Lib. XLIII, 4.
[170] BESNIER, op. cit., p. 190.

in terra cotta dipinta, esprimenti membra staccate, teste, braccia, gambe, mani, piedi; non che organi esterni, come occhi, orecchi; e numerosi tronchi e figure intere parimente in terra cotta. Non è quindi maraviglia che in quei dintorni stessero botteghe in cui vendevansi ogni sorta di oggetti votivi, nella stessa guisa che si ha in costume di fare oggidì presso delle chiese e de' santuari più noti e venerati; costume, del resto, sostituito all'antico e che risponde, adesso come allora, ai medesimi bisogni dell'animo.

Una di tali botteghe, contenente una gran quantità di *ex voto*, rivide la luce l'anno 1885 cavandosi le fondamenta della nuova arginatura del Tevere, in prossimità dell'antico ponte Fabricio. Ed una epigrafe sepolcrale, oggi nella galleria Lapidaria al Vaticano[171], riferentesi ad uno dei templi contenuti nell'isola e probabilmente a quello di Esculapio, menziona una Critonia Philema *popa de insula*, unico esempio che abbiamo di una donna esercente sì fatto ufficio, cioè di scannare le vittime nei sacrifici; salvo che in questo caso non debba intendersi, che Critonia Philema era semplicemente una fornitrice di vittime nell'Isola Tiberina.

Delle epigrafi votive quivi disseppellite, tutte solennemente testificanti non che le grazie ricevute, ma le speciali cure operate dal dio, ci limiteremo ad allegarne soltanto una ben nota del tempo degli Antonini, scritta in greco, in cui sono commemorate le miracolose guarigioni di due ciechi, Caio e Valerio Apro, di un tal Lucio affetto di pleurite e di un certo Giuliano che perdeva sangue. I quali, secondo attesta l'iscrizione, nel cospetto di una gran moltitudine di popolo resero pubbliche grazie ad Esculapio,

---

[171] *Corpus inscript. Latinarum*, VI. 9624.

per averli sanati, comparendo loro in sogno ed istruendoli degli opportuni rimedi contro quei mali[172].

Del resto, il più gran numero delle tavole votive tornate alla luce nell'Isola Tiberina sono da attribuire all'età degli Antonini, che fu il periodo veramente aureo della scienza medica esercitata nel tempio di Esculapio. Perocché a quei giorni in cui le antiche credenze e i vecchi culti vennero rimessi in onore per il favore e la pietà dei principi, anche l'antico sodalizio degli *Asklepiadi*, sacerdoti medici depositari di una scienza tradizionale, tornò a novella e vigorosa vita.

Onde non sarebbe impossibile che presso il tempio dell'Isola Tiberina, ad imitazione di quello di Esculapio in Epidauro, fosse un ospizio pei malati che vi si riducevano, quantunque a ciò sembri in certo modo contraddire Suetonio[173], e manchino in proposito testimonianze locali. Nel nono secolo, all'incontro, da un frammento di antica iscrizione metrica, altra volta visibile nel chiostro del cenobio di S. Giovanni Calibita[174], si può con buona ragione inferire, che nell'Isola Tiberina, allora detta *Insula Lycaonia*, esisteva un *nosocomium* ossia spedale, affidato forse alle pietose cure di monaci e di preti. Ed i santi quivi onorati, come anticamente il dio Esculapio, operavano nel medio evo miracolose guarigioni, secondo ci vien riferito dall'autore di un poemetto sulla traslazione delle reliquie di san Bartolomeo, composto circa la metà del decimosecondo secolo[175].

---

[172] *Corpus inscr. graecarum*, III, 5980; KAIBEL, *Inscript. graecae Siciliae et Italiae*, 968.

[173] *Claud.*, 25.

[174] CANTARELLI, *Bull. Com.* (1896), pag. 75.

[175] BESNIER, op. cit. p. 6, n. 3. Durante la peste dell'anno 1650, tutta l'isola fu ridotta ad uso di lazzaretto; ed oggidì gl'infermi trovano

Il tempio perdurò sino al quinto secolo; poscia sulle sue rovine sorse la chiesa dei Ss. Adalberto e Paolino, oggi di S. Bartolomeo, consacrata dal giovane imperatore di Germania Ottone III, ed unico suo monumento superstite in Roma.

Anche Fauno ebbe onori e culto nell'Isola Tiberina. Il suo tempio, edificato, dagli edili plebei, Cn. Domizio Enobarbo e C. Scribonio Curione, *ex pecunia multaticia*, cioè col danaro ritratto dalla multa imposta a tre *pecuarii* condannati per estorsione, stava, secondo attesta Ovidio[176], dove il Tevere incontrandosi con l'isola, si biforca:

> *Idibus agrestis fumant altaria Fauni,*
> *Hic ubi discretas insula rumpit aquas.*

Congiunto al tempio di Esculapio fu l'altro di Veiove, innalzato dal console Lucio Purpureo pel voto fattone mentre era pretore nella guerra Gallica. Il culto di cotesto dio, la cui festa cadeva il 1° di gennaio, esisteva ab antico nell'Isola Tiberina.

E qui non è da tacere, come l'anno 1854 si scavasse a grande profondità, sotto la chiesa e lo spedale di S. Giovanni Calibita. il pavimento di un antichissimo sacello di Giove Giurario con iscrizione in *opera signina* di un C. Volcacio, aruspice, che lo aveva costruito mediante sacre oblazioni, *ex stipe*; il quale sacello, secondo ogni apparenza, dovette esser incorporato nel sacro recinto del tempio di Giove e Veiove. tempio contiguo, siccome qui addietro notammo, a quello di

ricovero nell'ospedale di S. Giovanni Calibita. detto Fate-bene-fratelli.
[176] *Fast.* II. vv. 193-94.

Esculapio. La gran copia di *ex voto* in terra cotta quivi rinvenuti, ci dà bastevole indizio che si aveva a fare con le dipendenze di un luogo anticamente consacrato a deità salutare, quale era in fatti anche Veiove.

E poiché nel calendario Amiternino sotto il giorno 8 dicembre trovasi registrata una festa di Tiberino *in insula*[177], così rendesi appieno manifesto che anche di quel dio si conservava memoria nell'Isola Tiberina, ove del resto già si sapeva essergli stato dedicato un sacello.

Ricorderemo da ultimo, che Sanco parimente, nume di origine sabina, il *dius Fidius* dei Romani, appellato indifferentemente coi tre nomi di *Semo*, *Sanco* e *Fidius*, godeva di uno speciale culto nell'Isola Tiberina. È dubbio peraltro se realmente vi avesse un santuario, ovvero soltanto una statua.

Ad ogni modo è da credere, che al tempo degli Antonini fosse pure richiamato a vita il culto di Sanco. della qual cosa difettandoci le testimonianze degli antichi autori, vengono a supplirvi i monumenti epigrafici relativi a quel nume, che per la forma evidentemente accennano all'età dei primi Antonini. Dai quali monumenti inoltre si ritrae, come i suoi sacri ministri dicevansi *sacerdotes bidentales*, da *bidental*, piccolo tempio in cui si sacrificavano vittime minori, quali erano appunto le *bidentes* ossiano agnelle di due anni.

Dall'Isola Tiberina proviene forse la tabella in bronzo con iscrizione votiva a *Sanco Deo Fidio*[178]; e certamente la base dedicata a cotesto dio dalla decuria dei sacerdoti *bidentales*,

---

[177] *Hemerol. Amit.. ad VI id. Dec.*
[178] GATTI, *Bull. Com.* (1892), pag. 184.

discoperta sul declinare del decimosesto secolo presso la porta del convento di S. Bartolomeo e che oggi trovasi nella galleria Lapidaria al Vaticano[179], la quale incominciando con le parole *Semoni Sanco Deo*, indusse vari scrittori cristiani nell'errore che a Simon Mago dovesse riferirsi. Afferma di fatti san Giustino di aver veduto nel mezzo del Tevere, fra i due ponti, una statua eretta a Simone dai suoi proseliti, con l'iscrizione *Simoni Deo Sancto*; la qual notizia ripetono da lui Ireneo, Tertulliano ed altri.

Onde, sì dalla grandissima simiglianza che corre tra la suddetta dedicazione a Semone Sanco e l'altra rapportata da Giustino, come dall'identità del luogo, si potrebbe a buon diritto inferire aver l'apologista cristiano confuso il nome del dio sabino con quello del mago orientale. Se non che, per quanto sembri poco verisimile che una statua del samaritano Simone, deificato dai suoi proseliti, fosse stata in tempi tuttora fiorenti dell'Impero, col consenso dei pontefici, collocata nell'Isola Tiberina, luogo insigne per il culto e per i templi di Giove, Veiove, Fauno, Esculapio; pur nondimeno non si può ammettere che al tutto erroneo e mero equivoco col Semone Sanco sia il fatto della statua da Giustino veduta in Roma di Simone, e della quale chiedendo egli l'abolizione, prevedeva dover incorrere nelle ire dei Samaritani connazionali e discepoli dell'eresiarca, nella capitale del mondo allora numerosi.

Si può quindi conchiudere, che una qualche statua fosse veramente dedicata in Roma a Simon Mago dai suoi seguaci; al che vengono a dar fede gli antichissimi atti apocrifi di Paolo e di Pietro, ove è narrato come Marcello senatore suo

---

[179] *Corpus inscript. latinarum,*VI, 567.

discepolo, convertito da san Pietro, implorasse da questo di non esser dannato al fuoco eterno coi peccati di Simone, il quale lo aveva indotto ad innalzargli una statua con l'epigrafe *Simoni Juveni Deo*, che altro non è se non la traduzione di una formola nota nella greca epigrafia e numismatica, adoperata nel rappresentare gl'imperatori e le imperatrici sotto le sembianze di qualche divinità. I testi d'Ireneo, di Tertulliano, di Eusebio e di altri Padri che alludono alle statue di Simone in foggia di Giove e di Elena sua concubina in sembianza di Minerva, non sono se non un'eco del racconto di Giustino[180].

E poiché si è accennato a Simon Mago, ne sia lecito toccar di passaggio del tentato suo volo, intorno al quale dobbiamo anzitutto avvertire, che se il silenzio di Giustino e d'Ireneo come pure dell'autore dei *Filosofumeni* è grave argomento a dubitarne, viceversa poi ci distolgono dal tenerlo per assolutamente favoloso, non meno l'antichità di quel racconto e della sua topografica memoria in sì celebre sito di Roma, che le allusioni di vari autori profani (Suetonio, Dione, Giovenale) ad alcun prestigiatore che tentò volare appunto ai tempi neroniani, ai quali le leggende apocrife assegnano il volo di Simone. Nel secolo quarto, allorquando la leggenda romana di Simon Mago aveva già preso una forma chiara e precisa, la memoria della sua caduta in mezzo alla città di Roma era famosissima, e nella via Sacra mostravansi i selci *ubi cecidit Simon Magus;* luogo che nei documenti del medio evo troviamo indicato presso la chiesa dei Ss. Cosma e Damiano, *juxta templum Romuli*[181].

---

[180] Vegg. DE ROSSI, *Bull. Arch. Crist.*, 4^ serie, Anno Primo (1882), pag. 106-109.
[181] DE ROSSI, *Bull. Arch. Crist.*, 1867, pagg.67, 69-71; DUCHESNE, *Le*

La leggenda raccontava, come Simone indignato dell'incredulità dei Romani che l'abbandonavano per seguire san Pietro, dichiarasse che egli risalirebbe in cielo per lagnarsene a Dio suo padre. E perciò nel cospetto di una gran moltitudine di gente, s'innalzò nell'aria mentre san Pietro pregava che egli cadesse e si ferisse, senza tuttavia rimaner morto. Cadde di fatti Simone all'istante fratturandosi una gamba in tre posti, dopo che trasportato all'Ariccia e poscia a Terracina, quivi morì per le troppe cure dei medici[182]. Secondo un'altra versione all'incontro, egli sarebbe miseramente morto all'Ariccia, intanto che i suoi discepoli lo conducevano a Brindisi per fargli curare le ferite riportate nella caduta, ed ivi poi lo avrebbero sepolto dentro di un sarcofago decorato di bellissimi bassorilievi[183]; in conferma della quale ultima versione, addurremo la memoria che del preteso sepolcro aricino di Simon Mago fu incisa nel decimosesto secolo su di una pietra tuttora esistente, quantunque in cattivissimo stato, nel palazzo Chigi all'Ariccia[184].

Nei *Filosofumeni* finalmente, il più antico testo in cui si accenni alla leggenda romana di Simon Mago, troviamo che questi si fa sotterrare vivo assicurando che potrà risuscitare quando vorrà, ma le preghiere di san Pietro impediscono che ciò avvenga e Simone muore.

Forum Chrétien, pag. 17.
[182] DUCHESNE, op. cit., pag. 12.
[183] LUCIDI, *Storia dell'Ariccia*, pagg. 319-323.
[184] DE ROSSI, op. cit., 1869, pag. 80.

L'Isola Tiberina nel secolo XVIII

E tanto basti di questo. Tornando all'Isola Tiberina, che una statua di Cesare vi fosse innalzata è cosa al tutto certa, perocché Tacito narrando i prodigi avvenuti l'anno 68 dopo Cristo, accenna pure a quello della statua del divo Cesare nell'isola del Tevere, la quale in un giorno quieto e sereno, *sereno et immoto die*, spontaneamente si rivolse da occidente ad oriente[185]. Ed eravi anche, secondo vogliono alcuni[186], una fonte salutare sacra ad Esculapio, che sarebbe da ravvisare in un pozzo medievale dentro la chiesa di S. Bartolomeo di fronte all'altar maggiore, la cui venerazione par non cessasse nè meno allorquando nellìetà di mezzo, agli antichi numi succedettero i santi del cristianesimo e sui templi pagani sorsero chiese e ospedali. Ai giorni poi dell'Impero dovette esservi un carcere, ove personaggi di alto affare, prima di venir consegnati al carnefice, erano custoditi per un certo

---

[185] *Hist.*, I, 86. Cfr. SUETONIO, *Vesp.*, 5.
[186] VON DUHN, *Bull. Inst.* (1879), pagg. 7-8.

intervallo. Tra i prigionieri illustri quivi detenuti, ne basti rammentare Arvando. prefetto delle Gallie, convinto di alto tradimento, amicissimo di Sidonio Apollinare e di altri uomini ragguardevoli, i quali riuscirono a fargli commutare la pena di morte in quella dell'esilio.

*

* *

L'Isola Tiberina, siccome a principio accennammo, portò nel medio evo il nome d'*Insula Lycaonia*, il che ne viene attestato non meno dalle bolle dei papi che dalle leggende dei Santi, molti dei quali vi sarebbero stati martirizzati; e con tal nome la ricorda Pandolfo Pisano nella Vita di Gelasio II. Essa stava sotto la giurisdizione del cardinale vescovo di Porto, a cui la confermò Benedetto VIII per lui e per i suoi successori, con una bolla dell'anno 1018; ma ben presto sorsero tra quel vescovo e quello di Selva Candida delle liti rispetto a tale giurisdizione, le quali furono da Leone IX decise in favore del primo, l'anno 1049; liti del resto che avvenuta poscia l'unione di Selva Candida con la diocesi del vescovo di Porto, non poterono più aver luogo. Finalmente quest'ultimo, l'anno 1236, ottenne da Gregorio IX una novella conferma de' suoi diritti sull'isola[187].

Delle torri medievali che la circuivano, una tuttora rimane a ridosso del ponte Quattro Capi, il *pons Judaeorum* dell'età di mezzo, presentemente ridotta ad abitazione ed unica reliquia di un castello edificato dalla gente Anicia, dalla

---

[187] Vegg. in tal proposito CANTARELLI, *Bull. Com.* (1896), pagg. 69 e segg.; TOMASSETTI *Della Campagna Romana - Via Portuense*, pag. 70, n. 1

quale uscirono e il pontefice Gregorio Magno e i due fratelli Anicio Ermogeniano Olibrio e Anicio Probino, l'uno e l'altro consoli sotto Onorio[188].

Quivi dimorò la famosa Contessa Matilde dopo che ebbe scacciata fuori dell'isola la fazione dell'antipapa Guiberto, e vi diè ricovero ai pontefici Vittore III e Urbano II, cooperando ad un tempo al ricupero di Castel Sant'Angelo, di Ostia e di Porto, tenuti dagli scismatici seguaci dell'antipapa. Il castello passò di poi ai Caetani che ne furono signori sino al 1638, allorquando il cardinale Luigi, Francesco duca di Sermoneta e Onorato patriarca di Alessandria, tutti e tre di quella medesima famiglia, lo vendettero a Marc'Antonio Palma da Riofreddo. Afferma il P. Casimiro da Roma, che ai giorni suoi vedevasi tuttora in quattro luoghi della predetta torre, cioè sull'architrave di quattro celle formate per uso de' Religiosi, l'arme dei Caetani[189]; dalla qual famiglia tuttavia è inesatto che alla vicina chiesa di S. Bartolomeo provenisse il nome di *S. Bartholomeus a domo Joannis Cagetani*[190],ché tale denominazione è invece da attribuire all'altra chiesa di S. Bartolomeo costruita dai Caetani fuori dell'isola, dove oggi s'innalza il palazzo Costaguti sulla piazza Mattei. Coll'andar del tempo mutò il suo nome in quello di S. Leonardo, che ritenne sino a quando sotto il pontificato di Paolo V fu gittata a terra[191].

Ed ora non porremo fine a questa rapida scorsa attraverso l'isola già sacra ad Esculapio, senza rammentare da

---

[188] CLAUDIANO, *Paneg. dict. Prob. et Olyb. coss.*, vv. 226 e segg.
[189] P. CASIMIRO DA ROMA, *Conventi de' Frati Minori*, pag. 328.
[190] ARMELLINI, *Le chiese di Roma*, pag. 620.
[191] P. CASIMIRO DA ROMA, op. cit., pagg. 270-271.

ultimo come ai giorni di Leone X, in essa per l'appunto si raccogliessero ad un festoso banchetto i soci dell'Accademia Romana, durante il quale l'improvvisatore Camillo Querno, divenuto poscia il buffone di quel pontefice, mostratosi valoroso ugualmente nel poetare che nel bere, venne acclamato arcipoeta, mentre gli si cingeva il capo di una corona intrecciata di pampini, di cavoli e di lauro, ripetutamente cantandogli in coro il seguente carme:

Salve brassicea virens corona
Et lauro, Archipoeta, pampinoque
Dignus Principis auribus Leonis[192].

* *

L'antica Isola Tiberina, sebbene ora sconvolta e principalmente guastata dall'eseguito piano per la sistemazione del Tevere, le cui rive ondulate hanno per tal guisa perduta la loro naturale e malinconica bellezza, rimane pur nondimeno uno de' luoghi più belli e pittoreschi di Roma; con l'aspetto in lontananza del Palatino e del deserto Aventino avvolti in una luce di sogno, col piccolo giardino tutto profumato dagli effluvi degli aranci e dei mirti e coi pochi avanzi dell'antica nave di Esculapio, intorno alla quale lente e silenziose scorron da secoli le bionde acque del Tevere.

---

[192] GIOVIO, *Elogia*, pag. 51.

I GIARDINI DI ADONE

I GIARDINI DI ADONE

I così detti «giardini di Adone», formavano uno de' pr icipali apparati nelle cerimonie del culto di cotesto dio siro-fenicio, le cui annuali feste, d'ordinario solstiziali, avevano per precipuo oggetto di commemorare la morte e la risurrezione di Tammuz- Adone.

Importato sotto quest'ultimo nome di Adone, che significa «signore», dalla Fenicia in Grecia e dalla Grecia in tutto l'Occidente, esso ebbe culto ben presto anche in Italia, e da ultimo in Roma per opera massimamente dell'imperatore Elagabalo, che lo favoreggiò in modo singolare insieme con quello di Salambo, la Venere sira.

Le Adonie, o feste di Adone, venivano celebrate, secondo i luoghi, o nella primavera o nella state. A Byblos, per esempio, ove quel dio godeva di una grande venerazione, si facevano in primavera e così pure in Atene; laddove in Antiochia e in Alessandria sembra invece che cadessero nel mezzo della state.

Abbastanza famosa è la descrizione che di cotali feste, con regale magnificenza celebrate dal Filadelfo e dalla moglie Arsinoe, ci ha tramandata Teocrito[193].

---

[193] Idillio XV: *Le Siracusane ovvero le donne alla festa di Adone.*

Sopra soffici cuscini di porpora riposava il simulacro dell'estinto dio, bel giovane di diciotto anni dalle rosee braccia, con accanto quello di Venere. Intorno intorno stavano alberi carichi di belli e maturi frutti, e vaghissimi giardinetti piantati entro cestelli di argento, i quali erano appunto quelli che *giardini di Adone* si solevano chiamare, e che, secondo si è accennato più indietro, avevano una parte principalissima nelle solenni e pompose feste di quel dio. Prelibati profumi della Siria, sprigionandosi in leggiere nuvolette da turiboli d'oro, si diffondevano su per l'aria, e focaccie di farina e miele, foggiate in forma di uccelli ed altri animali, erano da donne offerte al bellissimo Adone; mentre tra i flessuosi rami di fronzuti pergolati apparivano saltellanti piccoli amorini. Una cantatrice con melodico ritmo, celebrava le lodi di Adone e di Venere.

Il simulacro del morto dio, durante le sue feste, era da donne accompagnato al sepolcro con pianti, grida e lamenti, ed al suono di timpani e di flauti, finché il domani lo si andava a riprendere annunziando al popolo la sua risurrezione. Imperocché debbesi qui avvertire, che alle donne, e soprattutto alle etère o cortigiane, si apparteneva il solennizzare le feste di Adone; la qual cosa viene acconciamente ad illuminare un passo di Ezechiele, in cui il profeta descrive ciò che vide nel quinto giorno del sesto mese dell'anno: *E mi si condusse dentro nella parte della casa del Signore che è verso settentrione, e vidi donne che piangevano Tammuz*[194]. Non può cader dubbio, che quivi il profeta abbia voluto alludere all'annuale festa che le donne con grande apparato celebravano in onore di Tammuz-Adone.

---

[194] VIII, 14.

Ma seguendo a dire di quei giardini de' quali troviam pur fatto cenno nel sopraccitato idillio di Teocrito, questi erano, siccome si è veduto, tanti vasi o canestrelli di argilla, e talvolta di argento, entro cui si seminavano speciali piante, come grano, finocchio, orzo, malva, e segnatamente lattuga, tenuta questa in gran conto, forse perché la tradizione voleva, che sopra le sue foglie Venere avesse deposto il ferito e moribondo amante. Onde alla lattuga sarebbe provenuta l'appellazione, di: *erba dei morti*[195].

E sì fatte piante che non fiorivano se non per un breve spazio di tempo e che per avventura avranno dovuto simboleggiare la vita di Adone recisa nella sua primavera, si facevano affrettatamente sviluppare in un terreno acconciato ad arte, o sotto i cocenti raggi del sole di giugno, ovvero mediante un calore artificiale; finita poi la cerimonia, si gittavano o nel mare o dentro delle fonti.

È noto che tali giardinetti erano regolarmente e con bel garbo disposti intorno alla immagine del giovane Adone giacente sul letto funebre; e queste immagini, che dovevano rappresentare il dio estinto, erano d'ordinario condotte in cera o in terra cotta, e non di rado dipinte in rosso perché sembrassero di corallo. Il che fece dare ad esse il nome di *corallion*[196], e di *corallioplasti*[197] agli artisti che le modellavano ed eseguivano. Che poi l'esposizione di simili figurine o immagini non andasse mai disgiunta dai giardinetti di Adone, appieno risulta da un passo delle *Lettere* di Alcifrone[198], ove un'etèra invitando una delle sue compagne a celebrare

---

[195] CREUZER, *Symbolik*, ecc., 2, p. 103.
[196] Κοράλλιον.
[197] Κοραλλιοπλάσται.
[198] *Epistol.* I, 39.

insieme le Adonie, le raccomanda di non dimenticare nè il *piccolo giardino,* nè la *figurina.* Del resto cotali figurine si vedevano esposte durante le feste, non solo nel mezzo dei predetti giardini, ma lungo le popolate vie e nei quartieri della città e in sui terrazzi delle case, ove donne vestite a lutto commemoravano la morte di Adone con pianti e grida di dolore. Al quale uso si riferisce Aristofane nella *Lisistrata*[199], allorché accenna di quelle donne che sopra il tetto della casa piangevano la morte di Adone al suono di timpani, e con sì grande schiamazzo, da ricoprire perfino la voce degli oratori ateniesi che lì presso declamavano.

Sembra inoltre che nei sobborghi delle città nelle quali Adone era oggetto di una peculiare venerazione, si piantassero giardini a lui sacri, i cui fiori e le cui frutta si adoperavano poscia nelle sue sacre cerimonie e feste. In Roma parimente troviamo sul Palatino giardini detti di Adone, *Adonaea*[200], che ricordati da Filostrato nella vita di Apollonio Tianeo[201] come esistenti nel palazzo imperiale, noi dovremo probabilmente attribuire a Domiziano. Narra di fatti Filostrato, che avendo quell'imperatore concesso udienza ad Apollonio, questi gli fu condotto dinanzi dai ministri che avevan cura delle presentazioni, nella sala di Adone, la quale era situata in mezzo a giardini piantati di fiori, simili a quelli che gli assiri, dice lo stesso Filostrato, facevano pei misteri in onore di Adone, e che piantavano sotto lo stesso tetto. Per qual ragione poi sì fatti giardini si

---

[199] V. 387-98.
[200] Di cotesti giardini si ha la figura in un frammento della pianta marmorea capitolina, BELLORI, tav. XI; BIANCHINI, *Pal. dei Cesari,* p. 39 e sgg.; IORDAN, *Forma Urbis Romae,* p. 43.
[201] Lib. VII, c. 32.

trovassero sul Palatino, ecco ciò che io non saprei facilmente spiegare, tanto più che il culto di Adone non salì in grande onoranza nella capitale dell'impero se non sotto l'effeminato Elagabalo.

E poiché i giardini di Adone artificiosamente fioriti, non avevano se non una efimera esistenza e tosto si sfrondavano ed appassivano, cosi essi divennero un detto proverbiale per indicare tutto ciò che era caduco e passeggiero. Seminare *giardini di Adone*, significava produrre cose vane e superficiali, senza radici e senza durata[202].

Laonde di coloro che si stimavano inetti a fare alcun che di buono e di virile, si diceva che *erano più sterili dei giardini di Adone*; e questo proverbio veggiamo sovente citato dagli antichi scrittori; e da Platone nel *Fedro*, a proposito di quegli scritti condotti senza veruno studio e che perciò non rilucono se non di un istantaneo splendore, e da Plutarco e da altri tali non pochi.

Al quale proverbio, tanto diffuso nel popolo greco, faceva riscontro l'altro degli *alberi di Tantalo*, che si applicava ad ogni fugace illusione o a cosa di nessun profitto; narrando la ben nota favola, che innanzi a Tantalo stessero alberi di ogni sorta, i quali tosto che questi stendeva la mano per afferrarne i desiderati pomi, incontanente da lui si dileguavano[203].

Ed ora, perché conforme al nostro proposito, ricorderò

---

202 'Αδώνιδος κῆποι *Paroemiographi graeci*, II, p. 445. Il vaso, ripieno di fiori, dei Giardini di Adone, apparisce come tipo monetario a Sidone con la testa di Elagabalo, e a Laodicea di siria con quella di Caracalla.
203 Δένδρα Ταντάλου, *Paroemiographi Graeci*, II, p. 657.

che in Sardegna [204] rimane tuttora una memoria degli antichi giardini di Adone, in una festa che ha luogo il 24 di giugno, e che si noma il *Compartico di S. Giovanni*, la quale procede a questa guisa.

In sullo scorcio di marzo o ai primi di aprile, un uomo del villaggio si presenta ad una donna del vicinato e le chiede amichevolmente se per tutto quell'anno vuole essere sua comare, che egli assai volentieri le si offrirebbe a compare. Se la donna acconsente, allora in sll'uscire del maggio la futura comare, presa una grande scorza di sughero e ravvoltala a foggia di vaso, vi mette dentro un mucchio di terra ben accomodato e leggiero, e sopra vi sparge un pugno di grano. La terra soffice posta al sole, sovente annaffiata e coltivata con cura, gitta prestissimo una erbicina, la quale piena di succo e di vita cresce con vigore, infoltisce e s'innalza in meno di venti giorni, sicché per la vigilia di S. Giovanni è divenuta una larghissima e freschissima ciocca. Allora quel vaso assume il nome di *erme* oppure di *nenneri*, nome sardo che dee per avventura aver relazione con quello fenicio di *orto* o *giardino* onde denominavansi, siccome dissi di sopra, quei vasi o cestelli seminati di speciali piante, che sì gran parte avevano nella festa di Adone. Venuto finalmente il giorno di S. Giovanni, l'uomo e la donna riccamente vestiti ed accompagnati da un lieto drappello di fanciulli e fanciulle festanti, muovono alla volta di una chiesetta fuori del villaggio, e là arrestandosi a breve distanza da quella, gittano il vaso contro la porta e lo spezzano. Quindi con cordiale gaiezza seduti in circolo, mangiano uova affrittellate con erbe, mentre i tibicini intonano colla *lionedda* allegri concerti,

---

[204] LAMARMORA, *Voyage en Sardaigne*, I, p. 264-65.

e vino si mesce in un bicchiere, nel quale tutti l'un dopo l'altro lietamente bevono. Appresso la qual cerimonia, ponendo ciascuno la mano su quella del vicino, vanno in coro per lunga pezza cantando coteste parole: *compare e comare di San Giovanni*; finché si alzano e così in circolo danzano festosamente insino a notte tarda.

Il Comparatico che si fa a Ozieri, presenta alcuni particolari che forse più da presso rispondono alle antiche feste di Adone, e segnatamente a quelle celebrate a Byblos. Perocché ivi le fanciulle, accartocciato nel mese di maggio la scorza di sughero a guisa di vaso, e postavi entro la terra e seminatovi il grano, attendono che il seme pulluli rigoglioso pel giorno 23 di giugno. Nella sera del quale, rivestendo il davanzale della finestra di vaghissimi drappi, e collocando su questi il vaso chiamato *erme*, lo adornano di una ricca stoffa di seta e di leggiadri e svolazzanti nastri di vari colori, cui intorno intorno pongono banderuole e luminose fiammelle, composte con molta grazia e simmetria.

Avevasi per lo passato in costume, di mettere sopra il cespo dell'*erme* un fantoccio vestito in abito muliebre, una reminiscenza certamente della immagine di Adone, ma la Chiesa lo vietò rigorosamente perché sentiva troppo di paganesimo, ed oggi tal simulacro è abolito affatto.

Non può quindi cader dubbio, che l'*erme* o *nenneri* della Sardegna, non abbia una stretta relazione coi famosi giardini di Adone, a cui verisimilmente si lega con una lontana tradizione di riti, anzi fenici che attici; la qual cosa apparirà tanto più manifesta, ove per un momento si consideri che il Comparatico, al modo stesso delle Adonie, era una festa solstiziale[205]. Oggi pertanto, anche cotesta festa, che per sì lunghi anni si continuò a solennizzare nella Sardegna, si va pian piano, se non affatto perdendo, per lo meno intralasciando in parecchi villaggi che ne avevan antico e radicato uso; poiché tutto pur troppo soggiace a mutamento ed a morte, sotto l'inesorabile ala del tempo.

E come anticamente ad Adone, così oggidì a S. Giovanni sono sacre alcune speciali piante, molte delle quali, raccolte nella mistica notte che precede la sua festa, si crede che contengano virtù meravigliose e quasi direi magiche. In Francia le piante aromatiche e fragranti sono conosciute sotto il nome generico di *herbes de la Saint-Jean*, denominazione che hanno pure in molti altri paesi di Europa; e notissimo è l'uso popolare de' garofani, de' rosmarini, dello spigo odoroso e dei grossi agli di S. Giovanni, che si portano a casa per la superstiziosa credenza che guariscano di alcuni mali[206].

---

[205] Ai giardini di Adone, dovremo pur far risalire l'origine dell'usanza di disporre nell'annuale ricorrenza del giovedì e venerdì santo, quella quantità di piccoli vasi di fiori intorno al sepolcro del divin Redentore, come altra volta si soleva fare presso il simulacro dell'estinto Adone. Cfr. Can. ISIDORO CARINI, *Sull'Idillio XV di Teocrito*, p. 19.

[206] Nel medio evo si credeva, che chi avesse trovato un trifoglio avente non tre, ma quattro foglie la notte di S. Giovanni, potesse comandare agli spiriti guardiani de' tesori. Il seme di felce raccolto in quella medesima notte, rendeva, secondo una leggenda, chi lo portava invisibile. La *radica di S. Giovanni* si stima ottima contro le malìe, ed una virtù particolare attribuita all'olio di gallozze detto *olio di S. Giovanni.* Presso gli slavi del sud, il popolo crede che nella vigilia di S. Giovanni, quando suona la mezzanotte, spunti fuori un'erba miracolosa, la quale a chi sa trovarla, fa scoprire i tesori nascosti. I francesi poi dicono in modo proverbiale, *employer toutes les herbes de la Saint-Jean*, per significare che si sono adoperati tutti i mezzi per riuscire in una data cosa. Il qual

In quanto alle antiche feste di Adone, che dietro di sè hanno lasciato una sì lunga traccia, molto ancora mi avanzerebbe a dire, se non temessi facendolo, di trapassare il limite da me prefisso. Onde toccherò solo brevemente di alcune singolari e meravigliose cose che solevano succedere durante quelle feste nella città di Byblos, famosissima pel culto di Adone e pel sontuoso tempio di Venere, entro cui si celebravano i taciti misteri e le sacre orgie del giovane dio. Quivi adunque usavano le donne, tra le altre manifestazioni di lutto, recidersi anche la bella e lunga capigliatura, e qualora a questo non volessero sottoporsi, dovevano in scambio darsi nello stesso tempio, e per un giorno intero, ai forestieri che v' intervenivano; e il danaro ritratto, prezzo del sacrificio, era devotamente offerto a Venere[207].

Le cose poi meravigliose erano le seguenti: cioè l'arrivo annuale dall'Egitto di una testa, che per lo spazio di sette giorni nuotava sui flutti spinta da una misteriosa forza di venti; e le acque del fiume nomato Adone, scorrenti presso della città, che in quei giorni divenivano color sanguigno, tingendo pure del medesimo colore quel tratto di mare entro cui si andavano a perdere. I paesani pretendevano che era il sangue di Adone ferito e morto dal cinghiale sul Libano, giusto in quel tempo dell'anno; ma è invece da credere che il fenomeno derivasse dal colore rosso, speciale di quella terra, la quale trasportata da venti violentissimi, che si sollevavano appunto in quella stagione, nelle acque del fiume, le rendessero di un colore similissimo al sangue.

---

proverbio, a mio avviso, deve esser derivato appunto dalle qualità meravigliose che si appropriavano a tutte quelle erbe.

[207] LUCIANO, *De Syria dea*, 6-8. Cf. ciò che dice Erodoto delle donne babilonesi. Lib. I, 199.

Ed ora avanti di porre fine a questo mio breve ragionamento, farò osservare, quale ultima testimonianza di ciò che ho sin qui detto, che la base fondamentale si del culto di Adone come delle feste e cerimonie di S. Giovanni, di cui ho pure in parte accennato, è verisimilmente la stessa. Vale a dire la grande idea simbolica della vita rinascente dalla morte, la fede misteriosa nella potenza del sacrificio, che di tutti gli umani concetti, è stato per fermo quello più fecondo di salutari e benefiche conseguenze per l'umanità.

I LABERINTI
E IL LORO SIMBOLISMO
NELL'ETÀ DI MEZZO

I LABERINTI E IL LORO SIMBOLISMO NELL'ETÀ DI MEZZO

Nell'antichità pagana si denotava col nome di laberinto una serie di gallerie sotterranee, ed anche alcuni edifici innalzati al di sopra del suolo, contenenti innumerevoli ed intrigate giravolte che l'una nell'altra entrando, facevano smarrire chiunque non pratico vi si addentrasse. A tutti è ben noto il laberinto che, secondo la leggenda, il valente artefice Dedalo si dice edificasse in Creta pel re Minosse, nelle vicinanze di Gnossus; il quale noi

veggiamo rappresentato in alquante monete di quella città, e nel cui centro dimorava il terribile Minotauro, *Veneris monumenta nefandae*, che si pasceva di carne umana. Teseo lo uccise, salvandosi poscia dall'avviluppato laberinto mediante il filo datogli da Arianna; è pertanto da credere che sì fatto laberinto, al pari della leggenda che vi si riferisce, non abbia avuto mai una reale esistenza. Non così quello di Samo, costruito da un artista di nome Teodoro pel tiranno Policrate, il quale bellissimo laberinto racchiudeva cinquecento magnifiche colonne, e le cui rovine vedevansi ancora, almeno in parte, al tempo dei Flavi.

In quanto a quello di Lemno, vogliono taluni che esso non sia se non una confusione fatta da Plinio col precedente: altri invece, di contraria opinione, lo dicono un edificio speciale e separato, rimanendo tuttavia dubbiosi se fosse un vero laberinto oppure un tempio consagrato ai Cabiri.

Riguardevolissimo era eziandio il laberinto egiziano di Arsinoe Crocodilopolis, reputato una delle sette meraviglie del mondo, ed innalzato da Amenemhé III della duodecima dinastia. In grandezza superava le stesse piramidi, e conteneva un infinito numero di stanze, appartamenti, cortili e colonne, il tutto circondato da un alto muraglione. Potè per avventura essere stato costruito, o per servire alle diete nazionali, ovvero, e con maggiore probabilità, per uso sepolcrale; alla quale ultima congettura verrebbe in appoggio Erodoto, col dire che nella parte inferiore di quell'edificio, erano seppelliti i re fondatori e i sacri coccodrilli.

Ricorderò da ultimo il laberinto che a Chiusi in Etruria si stendeva sotto il sepolcro del re Porsenna, sepolcro maraviglioso fabbricato con singolare artificio, e che ha dato tanta faccenda agli studiosi di antichità etrusche, sì per determinarne con precisione il luogo, come per ricostruirne la forma architettonica. Non ne abbiamo altra testimonianza che la descrizione lasciataci da Plinio, che la dice tolta da Varrone; ma comunque si sia, essa è talmente fantastica da far dubitare della sua verità, e nel leggerla sembra piuttosto di aver sotto gli occhi un racconto di Hoffmann o una novella orientale, che una notizia storica. Imperocché piramidi si ergevano sopra piramidi, e tra queste, globi di bronzo con campanelli attaccati da catene, i quali agitati e percossi dal vento mandavano un suono cupo e prolungato. Chiunque si fosse arrischiato, senza un filo che lo guidasse, d' introdursi nel sottostante laberinto, che costituiva la parte più rilevante di quella tomba, non avrebbe saputo più in nessun modo ritrovarne l'uscita, e tutto l'edificio era di sì smisurate dimensioni, da non potersi tener per vere. Qui pertanto non è certamente il luogo di pigliare a disamina tale difficile questione; meglio sarà che io dica, come il mitologico laberinto con dentro Teseo che combatte il Minotauro, a noi accada spesse volte veder rappresentato in sulle antiche opere d'arte, e massime sui pavimenti in musaico, uno dei quali in Pompei, diè appunto il nome di *casa del Laberinto* a quella in cui fu rinvenuto. Rozzamente graffito invece, lo ritroviamo sul pilastro di altra casa pompeiana con l'iscrizione: *Labyrinthus. Hic habitat Minotaurus*; il che certamente non sarà stato se non un semplice scherzo o di un qualche fanciullo o di uno sfaccendato, siccome veggiam succedere anche oggigiorno sulle mura degli edifici, tanto pubblici quanto privati. Ma un ben diverso significato, secondo me, dovremo dare al laberinto col Minotauro figurato su di un musaico sepolcrale pagano di Adrumeto in Africa, presso cui è scritto: *Hic inclusus vitam perdit*; nelle quali parole non mi parrebbe al tutto inverisimile, che si ascondesse un senso allegorico. E questa medesima rappresentanza ci occorre altresì in un musaico cristiano collocato sul pavimento di un'antica chiesa in Pavia, ove allato dell'eroe ateniese che rinchiuso nel laberinto assalta il Minotauro, si legge: *Teseus intravit monstrumque biforme necavit.*

Comunque si sia pertanto, non si può volger in dubbio che il mito del dedalo laberinto ebbe in tempi a noi più vicini, voglio dire dall'età dei Carolingi in poi, un senso simbolico-morale nei musaici delle chiese cristiane, il quale in che consistesse, a meraviglia ce lo spiegano i versi posti sotto al laberinto di un musaico del decimo secolo in circa, appartenente alla chiesa di s. Savino in Piacenza, e che dicono:

Hunc mundum typice labyrinthus denotat iste
Intranti largus, redeunti sed nimis artus.

Ma qui appunto cade in acconcio che io alquanto più diffusamente ragioni di un altro significato abbastanza singolare, che sembra avesse il laberinto durante il medio evo nelle basiliche cristiane, massime in Francia, non che ad una pia pratica che vi si riferiva. Costumavasi dunque allora, di disporre nel bel mezzo di certe chiese lastrichi di pietre bianche e nere, oppure colorate, che coi loro intrigati meandri formavano artificiosi laberinti, chiamati *vie di Gerusalemme*, *dedali*, ed anche talvolta *leghe*, i quali di forma quando circolare, quando ottangolare, venivano considerati come l'emblema del tempio di Gerusalemme. Al tempo delle crociate erano religiosamente visitati a guisa di stazioni, il che equivaleva ad un pellegrinaggio in Terra Santa, mentre i devoti ed i pellegrini dovevano percorrerli inginocchioni, recitando preghiere in memoria del cammino che fece Gesù da Gerusalemme al Calvario.

Tale sacra costumanza osservavasi soprattutto, durante il decimoterzo secolo, nella cattedrale di Reims, il cui laberinto si appellava, conforme l'uso accennato, *dedalo*, *lega* o *via di Gerusalemme*; e così questo come tutti gli altri consimili pavimenti in musaico istoriati del laberinto, è da tenere che non fossero se non imitazioni di quelli che si vedevano nelle chiese merovingie e carolingie. Sopra modo difficile nondimeno sarebbe il volerne indagare la primitiva origine, come pure il determinare con una certa tal precisione il loro speciale simbolismo e l'uso derivatone. Alcuni hanno preteso vedervi una reminiscenza di qualche antica pagana tradizione, lo che non si potrebbe agevolmente provare, tanto più che non ne troviamo cenno nelle opere degli scrittori che hanno trattato delle cose pertinenti alle chiese. Il signor di Caumont di fatti, nel suo *Voyage d'oultremer en Jérusalem* (dell'anno 1418, pubblicato dal marchese della

Grange), parlando del laberinto di Creta nulla dice che possa far credere ad una qualsivoglia tradizione di tale specie, nè stabilisce alcun punto di confronto fra il laberinto del Minotauro e quelli che avrà veduti a' giorni suoi nelle chiese del suo paese. A ogni modo non degno di approvazione mi sembrerebbe il giudizio di coloro, che in così fatti laberinti vollero ravvisare un simbolo massonico preso per insegna dai maestri laici, indotti a creder questo in parte dal trovare ai lati di alcuni di essi le immagini dei maestri costruttori delle chiese, in parte dal non veder apparire cotesti laberinti sui pavimenti delle chiese se non quando appunto le costruzioni religiose passarono nelle mani dei maestri laici, ed in parte finalmente, per non incontrarvisi nessun segno religioso alludente a quello che avrebbero pur dovuto rappresentare, cioè il tragitto di Gesù al Calvario.

Il laberinto d'Amiens, per esempio, mostrava nella sua pietra centrale, oltre ai ritratti degli architetti costruttori con i nomi loro scritti daccanto, quello eziandio del vescovo Everardo fondatore della chiesa, insieme con la data del giorno e dell'anno in cui fu eretto il sacro edificio. Altri, per lo contrario, avevano negli angoli pietre o lapidi che commemoravano qualche episodio relativo alla fabbrica del tempio cui appartenevano.

Il laberinto che vedevasi nel mezzo della cattedrale di Chartres, di forma circolare e composto in pietre azzurre, era più comunemente appellato *la lega*, per riguardo che non ci voleva meno di un'ora a girarlo inginocchioni, e si stendeva in lunghezza seicentosessantasei piedi dall'entrata fino al centro. Al quale avrebbe potuto perfettamente paragonarsi l'altro pressoché consimile della cattedrale di Sens, tutto incrostato di piombo ed avente trenta piedi di diametro, e i cui numerosi e complicati andirivieni non si potevano percorrere che dentro lo spazio di un'ora giusta, facendo duemila passi consecutivi. Nè farà meraviglia che questi laberinti servissero taluna volta anche di passatempo agli oziosi ed ai ragazzi, e di fatti quello di s. Bertino a Saint-Omer in Francia, venne appunto distrutto perché tanto i ragazzi quanto i forestieri che lo visitavano sovente finivano col disturbare l'ufficio divino. I più antichi laberinti che noi conosciamo non sono anteriori allo scorcio del secolo decimosecondo: quello della chiesa di s. Vitale a Ravenna tuttavia può risalire alla metà del sesto secolo, e non è improbabile che l'uso di cotali laberinti fosse stato importato dall'Oriente con le prime crociate. I disegni e le piante della più gran parte di essi, trovansi nell'opera del signor Arné intitolata: «Carrelages émaillés du moyen àge et de la renaissance.»

Ora poi, avanti di porre termine a queste mie brevi parole, stimo opportuno far rilevare due cose degne di una speciale considerazione. L'una si è l'assenza di qualunque segno o emblema religioso nei predetti laberinti, i quali perché fatti ad oggetto di simboleggiare il tragitto di Gesù dalle porte di Gerusalemme al Calvario, avrebbero pur dovuto in qualche guisa rammentarlo; l'altra, la piccolissima dimensione che presentano i meandri di alquanti di essi, dentro dei quli impossibile sarebbe l'aggirarsi non che inginocchioni ma a piedi eziandio. Onde è che alcuni, dubitando giusto per tale motivo dell'uso religioso cui avrebbero servito e di cui si è più sopra accennato, inclinarono a credere che così fatti pavimenti composti di tante linee concentriche a foggia di laberinto, altro non fossero che un mero trastullo o un vano capriccio dei maestri costruttori laici, alla quale opinione io non potrei aderire. Del resto appartenendo questi ultimi laberinti al decimoquarto secolo, potrebbero di leggieri non essere se non imitazioni o copie di opere di molto maggiore grandezza ed estensione; ma il fatto sta, che così i piccoli come i grandi, non contengono nessun segno religioso, la qual cosa non è certamente da passar senza nota.

E perciò io penso, che porterebbe il pregio di studiare un po' di proposito cotesto argomento che si riferisce agli usi ed alle pie credenze del medio evo, cioè di quel tempo in cui la poesia, l'arte, e perfino la politica, ricevevano dal sentimento religioso le più belle inspirazioni.

INDICE

flower-ed

Nella radice, per la quale ha vita il fiore

Stampato nel maggio 2016
Casa editrice flower-ed
www.flower-ed.it